向立高，1983年开始写作，主要作品有诗歌、散文《长不大的月亮》《踩在音乐薄薄的身躯上》等，词曲《你还会来西江吗》《我一定要找到她》《复兴路上》等。

大地上我们短暂的爱情

向立高 著

贵州出版集团
贵州人民出版社

图书在版编目（CIP）数据

大地上我们短暂的爱情 / 向立高著. -- 贵阳 : 贵州人民出版社, 2024. 11. -- ISBN 978-7-221-18762-8

Ⅰ. I247.5

中国国家版本馆CIP数据核字第2024WX3706号

DADISHANG WOMEN DUANZAN DE AIQING

大地上我们短暂的爱情

向立高/著

出 版 人：朱文迅
责任编辑：刘向辉
书名题写：王力农
插图绘制：梦亦非
装帧设计：温力民
责任印制：蔡继磊

出版发行：贵州出版集团　贵州人民出版社
地　　址：贵阳市观山湖区会展东路SOHO办公区A座
印　　刷：浙江海虹彩色印务有限公司
版　　次：2024年11月第1版
印　　次：2024年11月第1次印刷
开　　本：787mm×1092mm　1/32
印　　张：10.75
字　　数：160千字
书　　号：ISBN 978-7-221-18762-8
定　　价：68.00元

序一 | 人生如旅，岁月如歌

向雪怀

人间美丽的故事几乎都是伤感的。

《大地上我们短暂的爱情》同样伤感，这本由六个故事构成的小说，通篇弥漫着淡淡的忧伤，那些人，那些事，字里行间的欢乐、人间的美好，整体却有一种说不出的惆怅，如同李商隐的那两句：此情可待成追忆，只是当时已惘然。

而感动人的，恰恰是从纸上升起的幽然、哀怨。

向立高是讲故事的高手，他讲故事，绘声，绘色，绘形，幽默地讲述“我”在六段旅途、人生经历中的所遇、所见、所闻，普通的人与事，被他叙述得充满了电影场面般的戏剧感，《柔软时光 · 丽江》中老奇与易慧在酒后的亲吻，寻常之事，被叙述得像段子一样。《时间仓库 · 贞丰》中，副所长杨槐树在张琴窗上的听床，紧张的、略荤的故事，写得现场感十足。

人生无非由一个又一个的故事组成，我们是故事中的主人公，主角或配角，有时候我们自己叙述，有时候别人代我们叙述，有时候我们成为别人所讲述的故事而不自知。

故事都真真假假，真实的故事是个体的故事，而“假的故事”却是每个人的故事。

故事是一种见证。

《大地上我们短暂的爱情》见证六段时光，见证亲情、友情、爱情。被见证过的生活才是“发生过的”生活。见证了别人的人生片断的人，则是生活的证人。文学，本质是就是生活的证词。

在作家见证别人的生活的时候，写作的意义就发生了：带给世界人类的记忆，描述人类生活的价值与意义。

在写作中，世界，人，被意义联系在一起。

人生本来就一次漫长的旅途。在旅途中，我们总会迷失方向，而这未必不是一件好事，在迷途中我们看见更多的风景，但丁在《神曲》中，开头这样写：“在人生的中途 / 我发现我已经迷失了正路 / 走进了一座幽暗的森林。”向立高的《大地上我们短暂的爱情》也是一次次的迷途，在迷途中，给我们讲述了六段情感的故事、岁月的故事，世界上的故事就是森林，而人生，正是穿越森林的历程。

也许，迷途正是人生的迷人之处。

小说的语言，分为几种，一种是诗歌一样的语言，一种是讲故事的语言，另一种，是散文的语言。《大地上我们短暂的爱情》作者采用的有时是散文的语言，有时是诗歌的语言，有时是讲故事的语言。

“敦煌是金戈铁马，也是灿烂千阳，鲜花开遍的天空。一千年后，它会如沉沙一样碎去，归于尘土，归于寂静。物质的辉煌可以不再，但精神的路会长存。”《飞天千年 · 敦煌》中，诗句一样的段落比比皆是。

“江南有多远？推开客栈的木窗，透过沿窗垂悬的吊兰可以看到绿水浅荡、青砖黛瓦的江南。而推开这扇窗子，亲眼看到江南，亲自感受江南，母亲用了七十年，几近一生。”《莲生江南 · 乌镇》中，让人读到汪曾祺式的文笔，淡淡道来的、温婉的、通透的风格。这是清明小品文的传承与在当代的回响。

而在讲述世间各色人等的故事中，说书人式的笔法，给小说带来一次次的欢乐。

向立高在讲别人的故事，其实，也是在讲述自己的故事。

人生最猝不及防的，往往是故事戛然而止，犹如那些台上的表演，尚未演到剧本的结局处，就“笙歌归院落，灯火下楼台”了，老奇与易慧的故事，“我”与“她”的故事，以及书中许多人的故事，莫不如此。

所以，人生多是黯然的，故事多是伤感的。

但是，幸好人生还有故事。

幸好，岁月还是如歌。

2024年9月于香港

向雪怀，香港著名词作家，音乐人。著有歌词一千四百余首。创作的歌曲为谭咏麟、徐小凤、邓丽君、张学友、刘德华、张国荣、李克勤、张信哲、陈百强、林忆莲、周慧敏、郑秀文、黄凯芹、黎明、黎瑞恩、汤宝如、草蜢等演唱。

序二 | 一场漫步在叙事迷宫里的情感探寻

陈子弘

《大地上我们短暂的爱情》的表层结构是一部反映和探讨人生、爱情和亲情的当代小说。向立高以第一人称并穿插或多或少互文的叙述方式，带领读者穿梭在不同的人文地理和情感风景中。故事从主人公陪伴母亲游历江南的温馨场景揭幕，一步步展开了六幅跨越时间和空间的画卷。这六幅画卷同时掩藏在表皮下的，又是六座打破了传统的线性叙事模式的后现代叙事迷宫，这种非线性结构在某种程度上呼应了后现代主义文学对于传统叙事方式的解构。小说以其碎片化的叙事结构、对传统文化的现代转译以及对存在的深度和广度的探究，试图为读者提供一个理解和感受世界的反思和追问的视角，甚至可以说它还跨越了后现代主义，触及了更为深刻的人文关怀，是一部在后现代之后寻找意义的作品。

文学作品尤其是小说是对人类存在的反思，通过分析作品可以揭示作者对存在秩序的理解和表达。在这部小说中，我们不仅读到一段段情绪起伏的旅行故事，更可以在作者文字引导下经历一场场关于存在、时间和情感的思索。作者通过第一人称叙述主体的人生之旅，展示了对生命、爱情、亲情和友情的深刻思考。这些主题无不反映人类对存在意义的追寻。小说中的江南水乡、玉龙雪山、敦煌沙漠、云贵高原等场景不仅是实际的地理存在，也指向文化、历史和精神的家园。存在秩序是人类理解世界的基础，小说中的人物经历着生活的起落和情感的变化，这些经历揭示了存在的秩序与混乱。例如，易慧在玉龙雪山的意外死亡，陈一生在318进藏路上找到如意郎君，都是对存在秩序的挑战和确认。在意识的层面上，小说中的叙述主体与不同人物的互动，以及内心独白，展现了从个人情感到社会责任感，再到对宇宙和生命本质的思考，也体现了人物意识的不同层次、深度和复杂性。而好的小说能够揭示超越现实的可能性，这部作品描写到的情感虽然充满了现实的挑战和困境，但也不乏超越这些困境的希望和力量。此外，小说中提到的越剧、京剧、江南小调、苗族史诗等，也是历史在个人生活中的延续和回响。

作者曾经与我交流：“这是以第一人称写成的‘微信体’小说。在繁忙的工作中，我抽出时间陪母亲到江南、敦煌旅行，想弥补心底对母亲的愧疚；我随着女儿、朋友到阳朔、丽江、兴义、稻城旅游，邂逅最美的风景、最美的你。你是画家、作家、民谣歌手、远方的朋友。”其后，他对整部小说的写作动机做了交代，小说深入探讨了爱情、亲情、友情等情感纽带在人生中的重要性，同时也揭示了后现代主义对于情感和人际关系的去中心化和重新评估的倾向，以及现代社会中人与人之间联系的脆弱性。

这部小说采用了多线并行的碎片化的叙事结构，让故事在不同的时间和空间中切换，如从江南水乡到丽江古城，从敦煌沙漠到贵州兴义形成了跨越时间和空间的叙事结构。此外，作者还在叙事中穿插了大量“回忆”与现实生活相互交织，打破了传统的线性叙事模式。这种结构不仅体现了后现代主义对历史和现实的非线性理解，也展现了作者对时间与空间的深刻思考。第二人称的你和那个“隐藏在所有表达中”的“她”与读者及叙述主体的三位一体。这个前提一开始立即有力地确立了三种人称合一在整部小说中的重要地位。作者用这种强烈的或提示或显化的方式，将读者带入了一个由记忆、梦境和现实交织的多彩世界，其中每个片段都是对生命意义的探索。小说的每个章节都是一个独立的叙事单元，但又通过主题和情感的线索相互连接，形成了一个有机的整体。各个叙事单元在不同的时间和空间中跳跃，同时用丰富的情感和生动的场景，用内心世界的复杂性，不断激发读者的共鸣，使读者不仅是在消费故事，更是与小说中的人物共同经历一段段生命的旅程，体验爱与失去，希望与绝望，重塑我们对存在的认知和体验。

柳暗花明，峰回路转。向立高在叙事结构上的尝试无疑是值得关注的，这种尝试在某种程度上呼应了后现代主义对于现实多层次、多角度的解读，同时也体现了当代小说对于叙事结构的创新。作者让小说中的人物经历与历史事件（比如汶川大地震）相结合，这种历史与个人经历的交织是当代小说试图超越后现代主义，寻求更深层次意义的一种方式。当然，这种结构变化也可能对某些读者的阅读习惯构成挑战，要求读者在阅读过程中进行更为主动的思考和解读。

《大地上我们短暂的爱情》的另一个显著特点是对传统文化的现代转译。向立高通过引入诗歌、戏曲等文化元素，辅以完整的流行歌曲歌词，融合特定地域或文化背景，并与当代生活的复杂性相结合，使其构成作品多元解读的一部分。作者使用上述种种手段，很大程度上完成了对叙事的真实性或虚构性乃至现实生活的真实性或虚构性所做的思考，完成了对这种思考所做的尽可能的文学呈现。读这部小说，读者可能不免会困惑于作者究竟有何目的要这样写，他具体要表达及向读者传达什么样的情绪和感受———是回忆、笔记、散文、个人口述历史还是所谓虚构“文学”作品？我想，作者通过文字运行中文类的不断变换不只是欲达成叙事视角的不断变换，当然这种文体类别的混合性应当视为一种超越传统技巧的实践、一种深层次的交流和互动方式。这种方式通过混合传统文化和时代元素，通过对传统文化的重新诠释，使作品能够构建起跨传统和跨时代的对话，扩展读者对文本的理解和感受，为读者提供丰富的解读角度和深层次的思考。在读者积极参与下，通过解读文本中的各种符号和层次，读者能够与文本建立起更为复杂的互动关系，与作者一道突破固有的界限，探索更广阔的思想空间，探讨人类经验的复杂性、多面性和内在的矛盾。

《大地上我们短暂的爱情》是一部在后现代之后寻找意义的作品，将我们带入了一个充满可能性与不确定性的叙事迷宫。它不仅呈现了一组关于旅行的故事，更提供了关于人类存在和情感体验的深刻反思。它从多个方面为读者提供了关于存在的意义和人类情感深度的丰富思考与讨论素材。在这部小说中，我们读到了后现代之后文学的多样性和复杂性，同时也感受到了作者对传统文化的尊重和对现代生活的深刻洞察。这部小说在形式和内容上都展现了后现代主义之后的当代小说特点，包括对文化多元性的探索、现实与虚构的交织、情感体验的深度挖掘、历史与个人经历的对话、生活哲学的反思以及艺术与日常生活的融合。作者通过这些元素的综合运用，让小说为读者提供了一种丰富、多层次的阅读体验，同时也引发了一场对当代社会和个人生活的深刻思考。最后我想说的是，我们更应该保持对文学作品解读的开放性，认识到不同的解读可能揭示作品的不同方面，这没有绝对正确的答案，但是体验了作者、读者内心的丰富多彩。

2024年9月于成都

陈子弘，中国当代诗人、翻译家。著有汉语诗集《在河边》《只有一种模式》，英语诗集《just make it felt》等。翻译过特拉克尔、布罗茨基、卡德纳尔、聂鲁达、默温、唐纳德·霍尔、沃尔科特等多位当代外国诗人的作品。英译有众多中国当代诗人的作品。

目 录

CONTENTS

第一章

莲生江南·乌镇

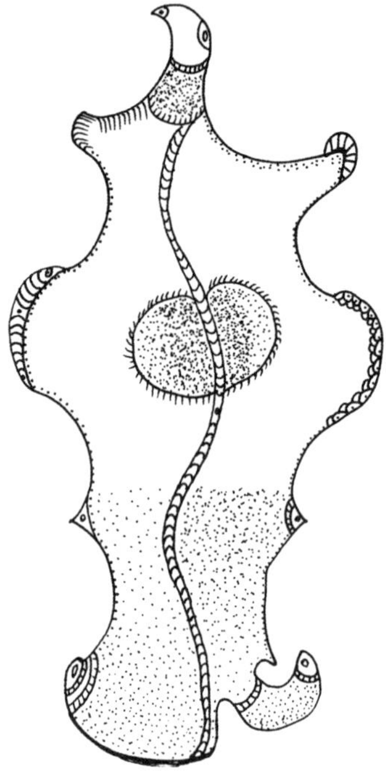

01

江南好，

风景旧曾谙。

日出江花红胜火，

春来江水绿如蓝。

能不忆江南？

木心先生说，一篇文章，你要动手写，全部精力要定在头一句。中国从前叫作“破题”。一法是正面破题，一法是意外的侧面的来。我用的是前一法。用这一法，拿准了，写下去。

我以白居易的《忆江南》破题，是说明我的基因里存续着华夏文化的血脉，也是希望在你的心底升起一幅江南水乡的画卷，想到少年时同桌的你，有一点陌生，又好像那么熟悉；甚至你能想到今生或者前世在江南的雨巷里，撑着红油伞从你身边擦肩而过的女子或者男人的背影。

江南在哪里？

江南在哪里，不同的人有不同的理解和感受。江南于我的母亲，可能在一生的梦里。

我七八岁的时候，母亲就教我背诵白居易的《忆江南》“江南好，风景旧曾谙。日出江花红胜火，春来江水绿如蓝。能不忆江南？”还有“江南忆，最忆是杭州。山寺月中寻桂子，郡亭枕上看潮头。何日更重游？”再有“江南忆，其次忆吴宫。吴酒一杯春竹叶，吴娃双舞醉芙蓉。早晚复相逢？”当然也有王安石的《泊船瓜洲》“京口瓜洲一水间，钟山只隔数重山。春风又绿江南岸，明月何时照我还”等等。母亲栩栩如生地给我们讲述梁山伯与祝英台、白娘子与许仙、贾宝玉与林黛玉的故事，让我幼小的心中里充满了对江南的向往，对美好情感的憧憬。那时候，母亲还会用越语唱起《梁祝》的片段，当时我就遐想，母亲是不是来自江南？长大后倒是不胡思乱想了，偶尔也想考证，母亲怎么对江南这样的了解？

这是母亲第一次到江南。一路走来，我跟母亲说起这些往事，母亲说：谁教过你背诗，哪有这些事？你乱编。

我不知道母亲是真的忘了，还是有意不谈这些。母亲解放前读过私塾，解放后上了小学，考上初中因为外公离世、为了减少外婆负担自作主张不再继续读书。母亲当时的成绩非常好，姜延春校长三次到家里动员母亲复学，母亲都固执地拒绝。后来母亲没有工作生活一直很艰辛，说到自己上半辈子的辛苦，母亲都会怪罪于自己没有继续再读书，情不自禁潸然泪下。

我与母亲在乌镇——这个美丽、安宁的江南小镇住了三天。第二天天亮起床，问母亲休息好没有，母亲说没睡好，外面的船声吵人呢。

过去因为生活的操劳和奔忙，母亲很少得到好的睡眠；今夜，母亲睡在宁静的江南，被过往的船桨声吵醒了。

江南有多远？

推开客栈的木窗，透过沿窗垂悬的吊兰可以看到绿水浅荡、青砖黛瓦的江南。而推开这扇窗子，亲眼看到江南，亲自感受江南，母亲用了七十年，几近一生。

02

江南要与水乡连在一起才叫江南。江南如果不与水乡连在一起，不论它离江多近，不论它处在多正的江之南，都不能叫作江南。江南变成了都市恐怕也不叫江南。在我与母亲从杭州乘往上海的高铁上，有很多杭州年轻人兴高采烈地赶往乌镇，他们像是要回故乡，要回童年时候的家园；在我与母亲从上海乘往乌镇的旅游大巴上，除了我和母亲，都是满口吴语沪话的上海人。

是什么让现代人将他乡变成了故乡，将故乡当作了他乡？是工业化摧毁了来时的路，还是快节奏撕碎了往昔的记忆？亦或是故乡本是他乡，他乡亦是故乡？倒查几代你不是故乡人，你的故乡是你的他乡，我的家谱记载我的祖先是吴越人，吴越人是我的祖先，祖先是先祖，先祖是故乡，故乡是祖先能当饭吃谈发展谈跨越谈业绩谈指标谈措施谈拆迁……扯淡了。写到这里我的思绪乱七八糟，仿佛回到真实的现实生活，我一边承压一边给身边的人施压，一边流泪一边微笑走在前行的路上。

在乌镇，我与母亲住在沿水而建的民宿。枕水而眠，我睡得异常香甜，一直困扰我的头鸣也消失殆尽，平时逼得我像风火轮一样团团转的会议、电话没有了，我获得了久违的宁静，像回到孩提时代，思想和身体全跟随在母亲身边。

而母亲在轻轻吱嘎摇橹的桨声中不能入眠，是一生操劳过度，故疾难愈，还是深藏在心底的江南情愫被一一点开，亮堂得不能入眠？

或者，这就是唐朝诗人韦庄在《菩萨蛮》中写到的“人人尽说江南好，游人只合江南老。春水碧于天，画船听雨眠。垆边人似月，皓腕凝霜雪。未老莫还乡，还乡须断肠”所说的景象？可母亲是贵州人，只是江南客，不应该有这么夸张。

起床后陪母亲出门游逛。在沿河的石坎下，在斑驳砖墙边，在厚重木门前，在曲背的石桥上，我都想给母亲拍照，可是刚举好相机，从相机取景框里我看到，母亲的头发变得蓬松而又稀疏，头发几乎全白了，镜头像有心思一样地触摸到母亲的苍老，母亲才七十岁啊，怎么会是这个样子？我心中非常酸楚却不敢声张，把举着相机的手放下，故作平静地对母亲说：

“妈妈，你的头发有点乱，我帮你梳一下再照。”

03

在江南，母亲是水，儿女是土地；土地离水最近，水滋润了土地，土地才柳树成荫，香樟成林。在江南，母亲是桥，儿女是土地；桥将土地相连，儿女们才相互往来，情长意绵，生生不息。

我租了一只乌篷船和母亲在乌镇的西市河上体会真实的江南，触摸江南的灵魂。此时，我与水、与桥、与母亲亲密地在一起，我宁静而安详，没有一点杂念，这是做儿子最美好的时光。

划船的阿婆比母亲小几岁，主动给我们介绍沿途风景与典故。她说，乌镇有七十二座桥，前面的这座桥有七百多年历史了，是乌镇最早、最漂亮的桥，叫“定高桥”，乌镇人生了小孩，满月那天要抱着孩子到桥上走一趟，读书的一定高中，当官的一定高升。我问阿婆，男孩女孩都抱到桥上走？阿婆说，过去只有男孩能上桥，现在男孩女孩都抱到桥上走。

船过定高桥，阿婆将船交给她带的徒弟——一名五十岁左右的男子接着划。摇橹划桨过去在江南是家常便饭，如今恐怕也可以申请非物质文化遗产了，船家阿婆阿爸再挺过十几二十年，说不定能够荣获世界非物质文化遗产传承人的殊荣。我弄不懂这是否是社会文明进步神速，还是像我这样的胡思乱想的人不思进取。

阿婆一边指点徒弟划船，一边与母亲攀谈。她说她从小就在这河上划船，离不开这河、这船了。三年前为帮儿子解决后顾之忧，到杭州陪伴孙女读了三年高中，孙女高考一结束，她就回到乌镇继续划船。阿婆的话引起母亲的共鸣。母亲说：老人们的想法都一样啊，操心一辈子，操完了儿女操儿孙，你才陪孙女三年，我陪孙女十二年。

我无言以对我的母亲。为了帮我照顾女儿，母亲在兴义、遵义、贵阳多地奔波劳顿，十二年居无定所，故乡还有百岁的奶奶要牵挂，需要多大的付出，承受怎样的煎熬！我一边拍照，一边看微信。朋友圈里有朋友转来《女人什么时候开始享受生活？》，大意是母亲、姐妹、所有的女人自己不要太操劳，更不要一代接一代地操心，在慷慨大度地向人间倾注爱的时候，给自己留一定时间和空间。用这样的标准，母亲肯定没有做到，身边的这位阿婆也没有做到，又有几个女人能够做得到呢？这微信大概是留给母亲们善良而浪漫的期待。

船近终点，我问阿婆会唱民歌吗？阿婆显得很自信：会唱啊，过去划船时都唱歌。我请她唱一首，她回答好多都忘了，我说就唱最简单的，阿婆一边想一边起身支起一支竹竿，将竹竿插入水里，与她的徒弟调整船的方向，清了清嗓子，用吴语唱道：

鸭仔仔水中照镜装哉
姆妈石板板锤衣裳哩
小伢子过桥上学堂哉
学不到学问不见娘哩

歌词一点也不艳丽，你不免有些失望。但阿婆的吴语唱得婉约轻扬，温柔娴静，悠远绵长，如同母亲们一生的写照，恰似梦里江南。正午的阳光直直地注入西市河，一阵轻风袭来，粼粼波光由远及近，在阳光的相互折射中，西市河瞬间变成了碎银般的世界。

04

傍晚时分，太阳西沉。我与母亲沿着曲水小径走走停停，坐坐聊聊，将乌镇的风景尽收眼底。

一路走来，母亲总是千叮咛，万嘱咐，又说到对孙女、外孙子的挂念。母亲发现我衬衣的衣角破了一个孔，责怪我衣服烂了也不知道，说酒店有针线，回酒店我帮你织上。又叮嘱：你衬衣都很旧了，该买两件新衬衣了。

无论你多大、多老，在母亲心中，你都是她的孩子；无论你多近、多远，你都是母亲割舍不了的牵挂。母亲的爱宛如江南的街巷，你走进了就再也走不出。夜色降临，天空从彩霞飞红变为蓝黑透明，成了摄影家最喜欢的蓝调时光。乌镇的灯亮起来，几盏红灯笼恰当地点缀，蓝色射灯勾勒出房屋的轮廓，黄色霓虹拉出小桥线条，干净而不张扬，呈现水乡夜色风采，又保持了江南独有的清秀。你自然比较出豪市的雍容华贵，聊城的一夜暴发，虚邦的打肿脸充胖子；又自然的想到了贵妇、暴发妇、脸上括瓷粉的女人和那个清眉秀脸的江南女子。乌镇的夜没有喧嚣，当扬琴、京胡、木琴和琵琶的和声从街头的一个大院里传来的时候，我和母亲很快听见了。循声而去，是乌镇为游客安排的地方戏曲表演。

堂子里宾客基本坐满。我与母亲寻了一个后排方桌坐下，小生送来一壶绿茶，又轻声问，点些什么？我点了一碟醪糟毛豆、一碟鱼皮花生、一碟五香瓜子。稍候，小生送将上来。

戏台木檐棂窗，一男子专注地唱着苏州评弹。一曲唱罢，满堂喝彩；艺术家鞠躬谢幕，又是一片喝彩。片刻，换了布景。女主持人上：下面请欣赏越剧《梁祝 · 十八相送》，表演者某某、某某某。主持人退。笛萧、越胡、鼓板、大提琴音乐声起。头戴秀才帽，身穿蓝、红缎子花褶的男女翩翩而上。

女：书房门前一枝梅
树上鸟儿对打对
喜鹊满树喳喳叫
向你梁兄报喜来
向你梁兄报喜来
男：弟兄二人出门来
门前喜鹊成双对
从来喜鹊报喜讯
恭喜贤弟一路平安把家归

你心里微笑，小时候母亲为你唱过。

女：清清荷叶清水塘

鸳鸯成对又成双

梁兄啊 英台若是女红妆

梁兄你愿不愿配鸳鸯

男：配鸳鸯，配鸳鸯

可惜你英台不是女红妆

……

母亲的手随着节奏在桌上轻轻地拍，嘴唇也微微动了起来，你看看母亲并若有所思，你仿佛回到了少年时代，看见了母亲的豆蔻年华。你清楚地看见了母亲年轻时候的脸庞，母亲脸上没有一丝皱纹，眼睛明亮如水，黑发飘逸，嗓音温柔细腻，那时生活虽然艰辛但母亲坚定而行。你的意识像水一样又流回来，仿佛觉得在舞台上演唱的某一个人就是你的母亲，或者，那个在前台坐着，头戴礼帽、认真听戏的江南女子就是母亲？

母亲没有作答，江南也没有作答。

写这段文字的时候，我和母亲在杭州萧山国际机场候机，母亲手持酒店送她的杭州旅游指南在认真地阅读。机场广播传来我们等候的消息：前往贵阳的旅客请注意，您乘坐的G4547次航班现在开始登机，请您带好您的登机牌从98号登机口检票登机。

05

你在对岸，坐在你的桥上点击微信，你见了我的信息，看到了我母亲，你想起了你的母亲，你始终保持着母亲教诲你的稳沉、不张扬的性格，没有回复我的信息，我触摸到了你的真心。

你在对岸，站在你的桥上，你看见我面朝母亲忧伤的神情，你的眼睛里浸满泪水，想起天堂里的母亲。你回复我：你幸福！能和母亲一起到梦里水乡，我想这样却再也没有机会了。你的母亲就是我的母亲，我看到我们母亲在天堂慈祥的笑脸。

你在对岸，从你的桥上款款走下，你的长裙随风飘逸，丝一样的美丽，你点缀了江南的风景。你评论我：你的文章读来如涓涓细流，清清流淌，温婉感人。曾多次设想领着父母去旅游，去海南、去江南、去台湾……但都停留在想的阶段，你的文字于我有促动作用。这样真好，马上付诸行动。“十一”要到了，天气会很好，要通过微信将你们一家的喜悦发给我们分享。

我总是跑题。我不是想以母亲、你和她为背景写一组关于江南的文字吗？写写江南的景、江南的人、江南的事、江南的诗多好。可是我有很多顾虑：怕你说这点文字不算什么，怕你说我自作多情，怕你说不务正业，怕你因为责怪我耽误了你的时间。上班的路上车太堵，一定要提早出发不能迟到，没干完的工作晚上加班——晚上加不成班了，有一个非常重要的应酬。你还有油、盐、酱、醋、柴、米的事呢，孩子升学的事已经够你操心。业务上的很多短板还没有补上，三季度的冲刺马上开始，要为完成全年目标打下坚实的基础。你真的不是为了那一点点绩效工资，也不是太在乎你的业绩的排位，这一切都源自你有强烈的责任意识，有大家才有小家，这是时代的要求、发展的需要，已经成为社会的共识。你不求做一个高尚的人，只求做一个平凡的人……你就是我，我就是你。你我就这样顺其自然、习以为常地将母亲连同江南一道冷落到了心灵的一角。

我陪母亲到江南，是想偿还我积欠太多太久对母亲的愧疚，虽然我心里明白，这样的愧疚永远无法弥补。

06

就在那个我和母亲看戏的晚上，乌镇的夜变得更加宁静，天空更加透明，蓝蓝的天与蓝蓝的水连接在一起，水天一色，异常美丽。

我与母亲走过一座名叫“咸宁桥”的石板桥，桥边有家名叫“步步莲花”的咖啡屋在水岸矮栏边摆了一排木椅小桌供客人亲水品茗。这是一个听水、看桥、赏景的绝妙地方，我见母亲的兴致很好，找位置坐下，为母亲点了一杯抹茶芦荟，为自己点了一杯香芋红豆奶茶，一向节俭的母亲，破例没有问这两份饮品要花多少钱。

我注意到“步步莲花”这个咖啡屋名字怪怪的，仿佛隐藏着一个不为人知的故事。我又感觉到它与禅或佛有关。为了印证自己的感觉，我用手机百度“步步莲花”：步步莲花形容女子步态轻盈，又比喻渐入佳境。百度的第二条是西岭雪的小说《步步莲花》，点击量达到533万次。这么潮的小说我竟然没有看过。西岭雪这个70后摩羯女，民间“红楼”研究第一女性果然出手不凡：忧伤灵气的上海女子娜兰在神秘古国印度旅行，遇到她的灵魂伴侣——一个走在灵修路上的苦行僧大辛。在渐渐爱上印度这片土地的同时她也经历了世间最美的爱情，这趟神奇的灵性之旅不仅解开她多年来的心中迷惑，也让她的心灵得到重生，开始全新的生活。我一边喝奶茶一边看《步步莲花》。“步步莲花”咖啡店服务员进进出出，不见老板，我隐隐约约感觉到这个咖啡店店主和西岭雪或者与印度归来的“娜兰”有着千丝万缕的关系……手机没电了，我离座想找一个可以充电的地方。“步步莲花”咖啡店紧邻“盒子说”。“盒子说”店里装修得时尚、简约却富有档次，是那种进去了就想找一个理由坐下，或者摄影爱好者看见了肯定要认真地拍拍的地方。店的一边是卖鲜果饮品的客座，一边是卖音乐盒子的展示台。展台上音乐盒子琳琅满目、应有尽有。我被吸引住，服务员紧跟导购。一架长约25厘米、高约15厘米的黑色微缩三角钢琴引起我注意，其他音乐盒子一般都标价两三百元，贵的六七百元，而这架小钢琴标价不菲，问服务员为什么这样贵，服务员说它不仅是音乐盒子，还是一个小音响。

服务员演示，将连接线插到手机，放了一曲贝多芬的《欢乐颂》，键盘自动弹奏，琴声悦耳，琴谱准确。我叫服务员换了一首王菲演唱的《致青春》，高中低音效果很好，键盘准确地弹奏旋律。琴盖上还有一个制作精细的拇指姑娘随着节奏翩翩起舞。后天——9月4日就是女儿十八岁生日，我还在为送女儿什么生日礼物犯愁，这钢琴给我很多灵感，它就是可以送给女儿的生日礼物。

我与服务员谈价，服务员请示老板。老板就在旁边喝着橙汁，玩着上网本。她个不高，很平和，二十多岁，我开始以为是喝饮品的顾客。

标价多少，打折多少，于是成交。我要求第二天送到女儿在杭州的学校，她愉快地答应。在等待女儿发来收件地址的时候，我和她交谈起来，问她怎么想起到乌镇开店，她风趣地说，肯定有故事啊。是一场恋爱失败之后？是找到了一个有钱的老公后就来自己心仪的地方隐居？或者一边经商一边安安静静地写小说？她笑而不答，我不便再问，于是又去想《步步莲花》。女儿用短信发来地址，她找来快递单一一抄填，字写得飞快却端正清秀。我把钱付了，告诉她母亲还在外面等我，剩下的事交给她办，她顺着我的目光看到门外坐着的母亲，夸赞我：一个人陪着母亲出来旅游，少见，真有孝心。我和她互留电话，知道了她叫邹长英。

我回到母亲身边继续欣赏江南。我与母亲回到客栈不久，邹长英用短信告诉我钢琴已经用泡泡袋妥善包裹好了，并发来包装的图片。我回复她：谢谢，你真用心。她又告诉我：另外，我们买了一张乌镇的明信片，您需要写上什么祝福您的女儿，我代为写上。

邹长英的想法本来是我的想法，十八岁生日，一般学校会举行一次成人礼，或者孩子们会在朋友圈里举行一个小小的party庆祝一下，而女儿作为新生入学，正在进行军训，校门不能出，什么活动也不能举行，我的确想给女儿写点什么表达我的祝贺和期待，但写什么好呢？

我回邹长英：我很想写，但好像无从下笔。

邹长英回我：呵呵，没关系的，你的心意女儿会感受得到。

等了一段时间，邹长英催促：我准备封箱了哦。

我有些着急：不写了，没想好写什么。

邹长英回复我：呵呵，那我代写了可以吗？我在您的微信上看到您女儿写给您的诗，连我都为之动容。邹长英在等待期间翻看了我的微信朋友圈。

我回复她：那你写，拍下来我欣赏。

她回我：呵呵，因为您不是很想写，所以我就尽量简单，我写的内容是：

> 爱你的爸爸于乌镇，遥祝女儿十八岁生日快乐，万事如意！

我知道我将这一节写得太长，你不免感到沉繁。那个坏笑的你看到后面又不免失望：还以为要写你在江南的艳遇呢。在江南我没有艳遇，我一直陪伴着母亲；陪着母亲在江南行走是我一生中最动人的艳遇。我写邹长英不仅仅是记叙了一个江南女子，而且还记下了江南的为商之道。这一段文字，是我对邹长英的感谢。

07

江南很好地款待了母亲。

我与母亲在江南六天，江南的天气变得非常爽朗，我们刚到杭州走下飞机，热浪袭来，有一种蒸桑拿的感觉，晚上下了一场大雨，气温迅速下降，第二天开始始终是蓝天白云，温度降到27摄氏度以下，PM2.5达到了良好和优级。

我们住杭州，游灵隐寺，流连在断桥白堤；我们前往上海，穿行在陆家嘴，驻足于壮美外滩；我们到苏州，走进留园，停泊枫桥边；我们来到乌镇，梦里水乡枕水而眠。我们吃到了正宗的蟹酿橙、叫花鸡、东坡肉、西湖醋鱼、龙井虾仁、宋嫂鱼羹、八宝豆腐。我们在杭州山峦厨房吃到的干炸响铃比楼外楼的响铃好吃百倍，问店家如何做，老板说必须用富阳豆腐皮、金华火腿为原料，大油锅炸至色泽金黄、轻如蝉翼，咀嚼起来声声带响，待到腐皮卷里薄薄的火腿肉香迸发出来，满口留香回味无穷。我们观看了以呈现江南水墨意境及千古传说的大型山水实景演出《印象西湖》，与法国巴黎红磨坊、美国拉斯维加斯并称“世界三大名秀”的《宋城千古情》……江南就像一桌准备好的盛宴，让我和母亲目不暇接。

我与母亲从乌镇回到杭州，住在玉皇山庄。玉皇山庄步行六分钟就到西湖岸边；步行十五分钟，可以到达雷峰塔、净慈寺。

清晨，净慈寺的南屏晚钟“咚、咚、咚”地敲响，几千年来南屏晚钟沉静悠长，洗尽凡尘。母亲在钟声中醒来，敲我的门，约我再到西湖边上走一走。

来到西湖岸边，淡蓝的天空升起片片彩霞，被天空染蓝的湖水晃起金灿灿的波光。湖水亲密地冲拍着湖岸，发出清脆友善的声音，诉说着千百年不离不弃的故事。我与母亲在湖边的小亭里吃了早餐，决定到雷峰塔看一看。

雷峰塔景区大门前的广场上，塑有一组真人大小的铜雕名叫《回家》。说是根据民间传说《白蛇传》所铸，白娘子被法海压在雷峰塔十年后，儿子许梦蛟高中状元荣归故里，在父亲许仙及小青陪同下，到雷峰塔前拜告母亲，三人合力斗败法海，救出了白娘子。雕塑表现许仙、许梦蛟和小青用船接白娘子“回家”团圆的感人场景。

雷峰塔建在夕照山上。公元997年北宋时期，吴越王钱俶奉藏佛螺髻发舍利而建，后几经损毁重建。1924年古塔轰然坍塌，2000年杭州市耗资1.5亿重建新塔。新塔通高61.9米，底层为古塔遗址保护层，保留了古塔遗址原貌。新塔钢构框架，沉雄劲挺；铜制筒瓦，古朴庄严；飞檐鸾回，绮窗洞达；丹青绚丽，陈设精美。既饶江南古韵，更具世纪新姿。

我与母亲边走边看，乘扶手电梯上山，坐观光电梯到塔顶，在现实与传说中穿行。我触摸到佛法包容了传说，也感受到传说拯救了佛螺。我浮想联翩，中国四大民间传说中，《梁山伯与祝英台》《白蛇传》就发生在杭州，是杭州成就了传说，还是传说美丽了杭州？

雷峰塔塔顶金碧辉煌，清风荡漾，莲香四溢，西子湖尽收眼底。

西湖北岸、东岸高楼林立，是美丽现代的新杭州；西子湖上，轻舟点点，烟波浩浩；西湖南岸、西岸，青山叠翠，廓楼灵塔点缀其间，时间仿佛还停留在一千年以前。

我与母亲在雷峰塔上流连忘返，直到下午一点才恋恋不舍地从塔上走下来。我在塔基的凉亭买了两瓶矿泉水，请母亲坐下休息，母亲很开心地说起自己的感受。我问母亲，过去我们知道的《白蛇传》里白娘子被压在塔下，是小青再修炼十年后将她救出来，今天我们看到了另一种说法，是她的儿子高中状元后，在许仙和小青的帮助下将她救出来，你喜欢哪一种说法？

母亲回答："过去都说是小青救了白娘子，现在才知道是儿了救了妈，养儿女还是有用啊。"

我说："要是她的儿子不管她呢，考上状元就去当官、当驸马？"

母亲说："当父母的都希望儿女好，只要儿女好就行了。"

我说："要是白娘子不得救，一直压在雷峰塔下，会不会怨恨呢？"

母亲说："怨恨谁？怨恨法海？怨恨自己的命不好？"

我转移话题，问母亲："老妈，你怎么对江南的故事、传说、诗词这样熟悉？"

母亲一下子愣住了，说："什么江南的故事、传说、诗词？我熟悉什么江南的故事、传说、诗词？"

母亲不像故意回避我的问题，真是什么都想不起来，我不敢追问，又说："我小的时候好像听祖祖说（我们小的时候把母亲的外婆叫作祖祖），她的先辈是从金陵逃难过来的？"

母亲说："几十年焦生活都焦不完，谁还记得这些。"

我说："老妈，以后我们一年来一次杭州，去乌镇？"

母亲说："我满足了，以后不来了。"

就在我与母亲谈话的凉亭前，我用仰视的镜头从塔基到塔顶拍摄下整个雷峰塔，雷峰塔巍然矗立。我有一种白娘子从巨塔困压下解救出来的喜悦，又感觉到有一个无法挣脱的锁链桎梏着我，像另一座巨塔将我困住，我动弹不得，呼吸紧张而急迫。

08

因为你，我对江南又多了一份思念与牵挂。

你七八岁的时候，我们一起在兴义广场放风筝。瘦弱的你拉着风筝奋力地奔跑，可风筝就是飞不起来，你失望地问我：爸爸，我的风筝怎么飞不起来？

我微笑着回答你：等你长大了，你的风筝就可以飞了。

那天傍晚，你收到了来自江南的录取通知书。我陪你在遵义凤凰山广场散步，成熟的你望着天空中自由翱翔的风筝，怀疑地问我：爸爸，我能把风筝放起来吗？

我微笑着回答你：你不是已经飞起来了吗？

你是我的风筝，将在江南的天空中飞翔；连着你和我的，是牵挂与思念这根线。我会比任何时候都关心江南的水、空气、蔬菜和你的消息。

我免不了俗气，将你比作风筝，将思念牵挂比作线。我稀疏的头发里已白发点点，我千万年遗传下来的真挚血脉，在风中、在雨里没有一点点褪色。

你十八岁了，是该给你交代什么了，我除了送给你小钢琴音响的生日礼物，还有这封信。信不长，你要慢慢地将它读完。

亲爱的女儿：

今天，是你十八岁的生日，我非常高兴，也非常骄傲。在西方或中国的一些地方，学校或家里要举行一个成人典礼表示祝贺，并提醒你从此以后要担负的责任。你不在我身边，形式主义的东西你也不喜欢，我就用这封信同你进行交流，表达一片心意。

首先，向你表示衷心的祝贺，祝贺你从一个天真、稚嫩的孩子长大成人。

其次，感谢亲爱的女儿。十八年来你给爸爸带来的无限的快乐与荣耀。你为自己的成长，付出了比其他孩子还要多的辛勤的汗水，或者说经历了一些苦难，尽管你也收获了其他孩子无法复制的历练与体验。我由衷地感谢你十八年来不懈的努力与认真的付出，以及为家庭作出的贡献。

第三，希望女儿以今天为一个新的起点。十八岁，标志着你将开始接触真正的人生。你会发现，生活有时不像我们想象的那么完美，社会非常的复杂。但是，就是不完美的生活会把你锤炼得更完美、更坚强。十八岁会告诉你，享有公民权利的你要承担起公民的社会责任、家庭责任和个人责任。我还要告诉你，不要害怕失败，不要害怕挫折，经历挫折是难免的，在哪里跌倒，就能在哪里爬起来。人生漫漫长路，就是这样一步步摸索前行的。

性格与修养决定一生的命运。过去爸爸对你有言行过激的时候，可能伤害过你，在这里，爸爸真诚地向你道歉！你考上了大学不是进入了保险箱，还需要树立更好的目标，选择更好的路径，追求更好的属于自己的自由、快乐的生活。读书之余，重要的是修身养性，更要从此学习做优雅、知性、美丽、气质的女人。因此，你的大学生涯在完成学业之余，应更加丰富而圆满。

亲爱的女儿，你要以更宽的视野识人、交人、学习。希望你借此机会，以更加宽广的眼界，定位好自己的舞台。从你状态可以看出，你的潜质还很大，你完全有信心与能力。但这些需要最起码的条件，就是一个健康的身体。希望你一定要注意身体健康，科学合理地安排好饮食起居，加强锻炼，在学校这个舒适、温暖的环境中提高学习效率，各方面都有极好的收获，度过美好的大学时光。

我非常欣慰，我们的女儿青春年少，风华正茂，心中充满着理想和激情。十八岁的你，应该扬帆起航，展翅飞翔！

再次祝贺女儿，并感谢十八年来对你的成长付出了心血的所有亲人、老师和朋友们，谢谢大家！

爱你的老爸

9月4日

我期待着，与她在江南的那一场邂逅。

“有美一人，清扬婉兮。邂逅相遇，适我愿兮。”《诗经》中的意境，像写那条斑马线。从斑马线走过来，是关于那一首歌，关于雨，关于传说，关于江南……世事已够纷繁，就让我、就让我和她保持一些单纯而美好的秘密吧。

我记得我小的时候，家里书桌的夹层里藏着一本又老又黄的家谱，父亲试图重抄，最后无果而终，新老家谱不翼而飞。上面记载我的族源来自吴越，后经江西迁徙至贵州。我对这样的记载基本不信。我看正史是族人先辈在封建统治阶级压迫下被迫编造，后来又看到是族人先辈为能参加科举考试纷纷杜撰如斯。历史就是历史，历史不应该改来改去。

两千五百多年以前，一群圣人将北方的诗歌汇编在一起，被尊为《诗经》。而南方的古代诗歌在哪里？没有人收集？遗落到了风中，坠入到了湖底？

我的手中，翻看着一名贵州苗族东郎留给我的一本史诗《亚鲁王》，记载苗族祖先几千年前迁徙过程。看过以后，我恋恋不忘，心底戚戚，设想它就是两三千年前南方遗留下来的古歌，这是其中的几句，我翻译给你听：

吾王高扬鞭，奔向嶂京城
正午太阳辣，吐出火星花
中午阳光烈，穿透大气间
阳光铺天下，大地冒青烟
兵将口舌燥，战马饥渴干
吾王朝前瞧，有条清水江
亚鲁朝前望，是条清水河
亚鲁跳下马，走到江岸边
吾王阔步走，来到河岸头
挽起衣袖洗，撩开头发喝
突见两清影，水中在游戏
突见两美人，漂游在水里
身上光溜溜，如同鱼儿游
谈笑风生起，笑声比银铃

吾王朝岸望，当时心动荡
亚鲁往岸瞧，顷刻心惊慌
看见两美女，站在江岸边
发现两美人，站在江河岸
黝黝黑长发，缓缓地飘荡
摆动在腰间，拖长到后跟
丰满双乳房，微微在晃荡
一扭细腰肢，犹如风摆柳
脸蛋粉嘟嘟，三月桃花瓣
樱桃小嘴唇，眉毛像月弯
十指细又尖，雨后春笋样
下身现棱角，隐约鼓鼓胀
容貌赛天仙，秋波闪金光
吾王心惊跳，血液涌头上
瞬间全身热，青脉筋鼓胀
实难按捺住，发根直立起
身心火滚烫，恍惚魂魄落
惊呆我的王，亮刹王的心
果然如梦缘，梦述王妃至

从今到往后，往后到从今
妈千年安静，父百辈安详
……

我跑题了，打住。我发这一条微信的时候，正是国庆长假的第一天，穿过阳台阳光照耀得透明的藤叶，我看到她灿烂的笑脸。

第二章

柔软时光 · 丽江

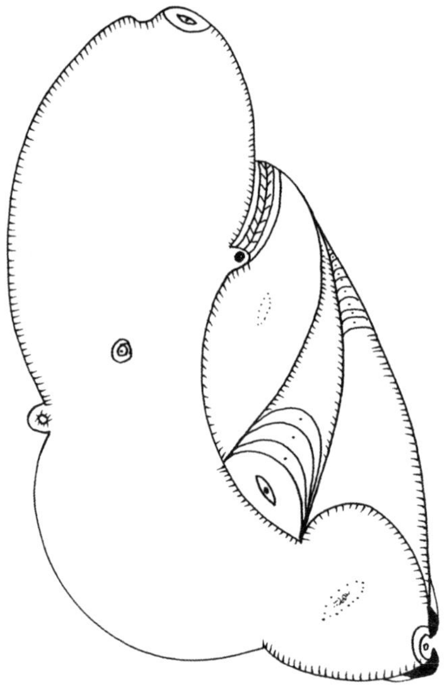

01

高高的雪山之上

你尝过雪花吗

你能亲我吗

就一下

好吗

哥?

从前，在大雪纷飞的山顶上，一个纳西族少女这样问她的阿哥，等待她梦寐以求的那个动作。

他们站在高高的山顶，脚下是巍巍群山，山上云杉成林，杜鹃成阴。群山边沿，一条大峡谷，江水咆哮在那里突然转了一个大弯。白云缠绕在山间，分不清哪是天上，哪是人间。

阿哥拉着阿妹的手，深情地凝望妹妹的眼睛。20秒凝望，20秒啊，一如二十年。

突然，阿哥甩开右肩上的鹰，一把将她紧紧抱住，就像抱住一朵雪花，直到她变成了他怀里的一汪雪水，把无边的温暖紧紧地给她，把男人的力量与柔情给他，把一个人的初吻给她。

寨中碑早刻有，东巴纸早记载，同族相爱杀无赦。他们是同族，相爱是要杀头的。但是爱情来了，谁想拦，都拦不住。每一个人都不敢想像他们的下场。

天地大美，雪山之上，寒风肆意盘旋，因为爱情，所以人比山高。

后来，两个人从山顶纵身跳下，这是世上最美丽的一瞬。许多人都认为，他们是最美丽的两个天使。

山轰隆隆倒下去，雪嗞嗞嗞拥上来……他们，变成了一个神话。

他和她，就是后来的玉龙雪山和丽江。

给我讲这个故事的，是老奇。

02

我与老奇再次见面，是在丽江束河古镇九鼎龙潭。

那年，束河古镇静谧安宁。清晨我起得很早，丽江的天空一片晴朗，祥云万里。在纯净透明的溪边小道上行走，我如同脚下的五彩石一样坚实安静。束河的每一个角度都是风景，处处可以拍出精美的画图，我用镜头捕捉风景，风景如同清风舒展地浸入我心底。我走过康普巷、清泉路、九鼎街……东边天空升起红亮的彩霞，白雪皑皑的玉龙雪山由白变红，太阳升起以后，大地被镀上一片金色，雪山主峰上霞光辉映，越烧越亮，如同披上红纱一般艳丽辉煌。東河街头青瓦、金巷、长影绘成了古镇最经典的画面。我兴奋地不停地拍照，走到了東河的源头九鼎龙潭。

老奇正在九鼎龙潭旁画画。画架、画板、画笔、刮刀、调色板、油画原料一应俱全。画已经基本成形：清泉、随水揉动的水草构成了一幅明亮的风景。

2014年我在上海K11大厦参观印象派大师莫奈的画展，当我走到莫奈的作品《小船》面前，我立即想起老奇和老奇的画。莫奈在墨绿中点缀了红、紫、黄等丰富的色彩，以独有的手法画出随水扭动的水草和小船，而老奇只用了浅绿、草绿、墨绿，画出了随水而动一幅深潭水景。那年我在老奇的身后看着他专注地作画，当我移动的影子投射到画板上，老奇转身看到我，我们互相扫视了一遍对方，然后把目光停留在对方的脸上，在夸张和惊喜的表情之后，同时蹦出同样一句话：

哎——你也来丽江了？

03

我与老奇以前见过两次。十多年前我经常从贵州到阳朔。老奇在阳朔西街摆画摊为游客画头像。老奇分别给我女儿、侄子画过头像，他一边画一边与我闲聊，两次接触、两幅画的时间，我认识了这个长发及肩、干净明亮、艺术气质浓烈的画家。

老奇毕业于中国美术学院油画系，到过法国旅居，后来回国任教。由于看不惯院校里越来越浓的名利纷争，老奇与妻子毅然辞职选择了流浪。从杭州到阳朔，从阳朔到丽江，在古城人潮涌动、商业化势不可阻挡的大潮中，他们将生存的需要与保持自己宁静淡泊的生活结合起来，像候鸟一样不断地迁徙。

我站在丽江温和的阳光下，看着老奇创作。老奇沉浸在创作里，自然、单纯而天真，像在欣赏自己的孩子，又像是在与知心朋友交流。老奇把画笔下的颜料拉成丝、带出节奏，笔下清泉涌动的水草，灵动而又饱含忧郁的情愫，让人心领神会地沉静，让人他乡遇故知一般的喜极而泣。

这个春节，我在与父母短暂的团聚之后，带着女儿与同事一家驾车去到昆明，然后乘飞机飞到丽江。我们住在陈涛和他的爱人小敏开的客栈。客栈是丽江老式的木房，一楼是酒吧，二楼有四间客房。房屋左边有一块近100平方米的空地，上面长着七八棵三四米高的棕树，陈涛用原木做了几排桌凳，撑起绿色的大方伞兼营餐饮。

陈涛和小敏是江西人，两人过去都是公务员。2001年他们来到丽江，被束河独有的自然和人文环境迷住，于是决定留在束河。他们回江西辞去工作来到束河，用20万元与房东签订了20年的租期，对房屋进行改造，开起这间酒吧兼客栈。

2003年我第一次到丽江。我喜欢大砚古城的自由、热闹与奔放，也喜欢束河古镇的宁静安详；我游在老城，住在束河。陈涛的客栈离九鼎龙潭两百米，清澈见底的溪水从客栈门前流过，门前宽广平坦，水色、景致、色彩都独占鳌头。那天我在束河溜达，客栈的环境吸引住我，走进门里探望，陈涛将我带到二楼看客房，二楼阳台搭建的一间顶棚和三个墙面都是玻璃的大床房震撼了我，透过紫色的窗帘，蓝天白云和巍巍的玉龙雪山尽在眼前。

那是无比美妙的夜晚。我睡在透明的玻璃客房里，海拔2440米的束河古镇离星空很近。躺在舒软的大床上，我看到了整个银河。银河亘古地闪耀着，只是由于我们世事缠身、低腰奔波，离她太远，时常被霓虹的亮丽灼伤记忆和应有的知觉。我在繁星中找到北斗七星，定位到大熊星座，然后一一找到猎户座、金牛座、白羊座、双子座、天蝎座……在仰望星空中我听到了自己的心跳，听到了自己内心里的另一个声音，产生一种真实的幻觉，觉得自己从一个似是而非、虚实难辨的地方走出来，搞不清楚我曾经生活的地方是哪里，和我旅行的人又是谁，甚至不知道自己是谁。

后来陈涛的这间玻璃房被拆除，丽江雨季风雨太大有安全隐患。从此我每次到丽江都以这间玻璃房为标杆找客栈，但再也没有找到这样一间天人合一的客房。丽江的客栈中也有很多布置得温馨别致、采用玻璃瓦片的房间，睡在床上也可以看到星星或银河，但是比起陈涛的玻璃房差得太远太远。尽管是这样，能够睡在丽江的客栈里，我都会得到无限的慰藉。

04

大年初三，我们在陈涛的客栈吃了一顿热闹的晚餐。

一起吃饭的，有我和我的女儿秋行，我的同事张军、向红、巧巧一家三口；有陈涛和小敏，老奇和他的妻子易慧；还有陈涛给我们介绍的新朋友老别和他的爱人小杨。

老别与小杨正在陈涛客栈后面的中和路大兴土木。老别来自长春，曾经是私人企业老板；小杨来自昆明，曾经是一家四星级酒店的总经理。两人在网上认识，情投意合，后来相约丽江，与束河一见钟情，决定在束河定居和发展。他们以30年30余万元的价格租下老乡的土房子，准备建设丽江风格的木房客栈。老别带我到施工现场看了看，土房已经拆除，工人春节放假了，现场显得冷冷清清。

老别告诉我，用不了几年，束河的旅游一定会火起来，他将投资40万元建新房。老别建议我也到束河投资，我想起母亲忧伤的眼睛，又沉甸甸地思考年幼的女儿从此随我流浪？再现实地掂量手中的金饭碗，笑着回答老别：别哥，我是一个只能在世俗里生活的人，比不得你们，可以出世，也可以入世。

2005年国庆节，我自驾车带着父亲和母亲从兴义经过彩色沙林、石林、昆明、大理到达丽江。我们住在老别开的“鹿野苑”客栈。客栈进行了旧化处理，修新如旧，像是经年了的房屋。小杨星级酒店总经理的特长充分发挥出来，入住游客人来人往。

我在“鹿野苑”二楼休息室的墙上看到了很多合影。老别、小杨常常抽时间到丽江周边的乡村学校看望留守儿童，为了解决乡村小学孩子在学校的吃饭问题，他们发起了“大米行动”。从“大米行动”一直坚持到“营养午餐”。到现在，老别们对山里孩子的资助和关爱始终没有间断。

十年后我再次来到丽江。多年不到，客栈已物是人非，原来是老别已将老店转租。新房东带我找到老别，老别投资四百多万元在附近开起了新的鹿野苑客栈。新客栈是中西结合的风格，白墙青瓦，远离了临街的喧嚣，和谐地融入安静的小巷，推门走入，却又是美式乡村别墅的风格。我坐在院子里的玻璃客厅，与老别、小杨晒太阳喝普洱，晚上生起壁炉，还看了一场环绕立体声的投影电影。

我对老别说：“别哥，就这么几年，你鸟枪换炮了？”

老别对我说：“老向，这么多年，你到哪里去了？”

陈涛的厨师已经回家过年，我过瘾地施展了一番厨艺。

我背上背篼，骑着陈涛的自行车到七八公里外的市区买好菜，还为女儿们带回丰富的烟花。陈涛拿出老乡土法腌制的腊排，腊排吸足阳光，高压锅压出来，油汤乳白发亮，散发出浓郁的阳光的味道。我自制糍粑辣椒，把清汤腊排改成红亮的腊排火锅，做成晚宴的主菜。厨房有的是大盘子，充分满足了我的装盘需求。桂鱼做的西湖醋鱼，豆腐皮包着云腿炸的金色响铃,勾起老奇和易慧对杭州的无限乡情；大葱炒猪肝，鸡汤酸白菜，让老别回到长春；雪菜炒豇豆，豆腐红烧肉是地道的昆明菜……菜一一上桌，大伙尖叫不断：向哥，你太有才了，留在丽江开酒吧，你一定要发大财！

我们拿出了带来的两瓶贵州醇，贵州来的三人教大家发牌喝酒，其他人开始时小心翼翼，慢慢地大家的胆子越来越大，酒也从一汤匙加到两三汤匙，基本达到每次一小碗，贵州醇很快喝完。老奇回到自己住的客栈提来两件红酒，大伙的兴致越来越高……

夜色降临，远处的市区不断传来爆炸声和闪烁的礼花，吃好饭的女儿们在溪水边燃放的小礼花不时映亮桌上酒客们的脸庞。大家都有了醉意，老奇半醉，问我们，你们知道丽江的传说吗？大伙回答不知道，于是老奇向我们讲述了纳西族关于丽江来历的传说。

高高的雪山之上
你尝过雪花吗
你能亲我吗
就一下
好吗
哥？

老奇想朗诵，无奈酒上舌头，声音虽大却搞成了自言自语。我酒上心头，看着老奇身边的易慧说：“老奇，你的阿妹不就在你身边吗？亲她一下。”

“亲一个，亲一个！”大伙起哄。

老奇盯着易慧看，征求易慧的意见。易慧回以老奇不好意思的目光。突然，老奇一把将易慧紧紧抱住，把头迎上去，给易慧一个亲吻，易慧更是不好意思地把头闪开了。

“再来一个！再来一个！”一帮酒疯子疯得更欢了。

老奇非常得意，得寸进尺，晃着身体将易慧拉到一棵棕树旁，把易慧紧紧搂住，两双热唇再次结合在一起，易慧紧张得都有一些发抖了。

一分钟的时间，三分钟的时间？这是我看见的时间最长的亲吻真人秀。

05

老奇的妻子易慧漂亮、优雅、淑静。虽然她的年纪与老奇差不多，看上去却年轻得好像小了老奇十多二十岁。

易慧出生于书画世家，父亲是著名的工笔画家，在艺术上易慧耳濡目染受到家庭的影响，但易慧在学画时就认识到应该走出一条自己的道路，并将它引申到自己的生活中。

2005年国庆节，在老奇、易慧的热情邀请下我去到易慧的画室参观。画室在丽江古城与束河古镇之间，来自浙江的一个房开商将硕大的展厅让给易慧无偿使用，富有远见和乡情的房开商说易慧用他的房子让他的企业“蓬荜生辉”。画室墙上挂着装裱好的五六十幅易慧的作品。作品以花、鸟、墨石为主，画的主题有游心寄远、时空掠影、芳草妙境、石光飞鸣。在易慧的作品里，经常出现太湖石与黑鸟的结合，一个坚硬、一个鲜活，被易慧用艺术的手法高度地融合到自然的世界和艺术的境界中。易慧的想象力、创作力把看似凝固的石头画出了灵性，把黑鸟飞驰的瞬间凝固在画面之中。鸟与石头的莫名相见，发生寓言式的观念诉说，呈现的不是简单的瞳孔映射的影像，而是更多的画面以外的余音。

“我在太湖石里找到灵感，又在玉龙雪山的碎石中获得了新生。”易慧亲自为我解说。那个平时被我插诨打趣、胡言乱语的老奇的妻子，此时恢复成一个艺术家。她侃侃而谈，我却像一个插班的小学生，越听越不自在；又像是未经主人的允许，悄悄溜到别人家里，心底虚慌得很。易慧向我介绍，千万年以来，由于冰川运动，玉龙雪山的石流滚滚而下，堆积成丽江盆地，挖开丽江盆地表面上的泥土，下面就是沙石、石块、巨石，你会感受到玉龙雪山和丽江年轻却蕴藏着难以名状的力量，有一种抓住了时空的感觉。

我在一幅名叫《花开》的画前，聆听易慧的创作感受。画上一朵盛开的红玫瑰色彩艳丽，花瓣向四周绽放。它的每一片花瓣，都是由大小不一、无数的碎石组成，这些碎石涌动着、奔腾着，我听到了它们迸发出巨大的声响。

“——你听到了石头的声音了？太好了。因为我就感觉到我画中的石头有自己的声音，我要尊重这些声音，让它们自己去寻找自己的答案。于是，我画的时候不再是一位叙述上的侵略者，而是一个聆听者，一位耐心、仔细、善解人意和感同身受的聆听者，我听从这些声音，挥洒画笔。”

我知道，我遇到了真正的大师。在无所适从的期待里，我仿佛醍醐灌顶，又感受到自己在前行中被掏空得像一张白纸。

06

丽江不再是昨天的丽江。

火车通了，人潮蜂拥而至。缆车升至玉龙雪山主峰4506米高处。冰川消融，黑龙潭的泉水断流，九鼎龙潭在暗渠补水中死里逃生。

福建、浙江来的炒房团背来成袋的人民币，一片一片地重建酒吧街和客栈。过去的租金太低，老房东后悔，新房东交租金老房东不收，登报声明，某某某长期违约不交租金，如果再不交租金，法院起诉。法院开庭判令：老房东收回出租房。

一天上午，我在束河大石桥又见到了卖黄瓜的纳西族老奶奶，老人像多年以前一样健康、慈祥、笑容满面。当年我与女儿跟老人合过影，合影后问老人收费吗？老人回答，买根黄瓜就行。我想与老人再次合影发给远方的女儿炫耀一下，路过的一位小姑娘帮我拍了一张，我问老人收费吗？老人回答：5块钱一次。我摸出身上的零钱，一张10元，一张20元。我将10元递给老人，老人看了一下：太烂了，换一张。我摸遍全身，没有其他零钱了。帮我拍照的姑娘很大方：我有零钱！又给了老人一张10元。姑娘给了钱跟同伴离去，我不好意思让老人退钱，又画蛇添足地想，老人虽然收了20元，但我的那张10元券她并不想要，我应该用我手上的20元券帮老人换了，我说明我的意思将20元交给老人，她收下钱一边说不用换了，一边要把40元往兜里装，我本能地要去夺回20元券，她突然大声吼道：你要抢我？我一下子被吓呆了，回过神后，一个人灰溜溜地离开了这位看上去依然慈祥、善良的纳西老人。

丽江古城的酒吧街曾经是中国南方人流最熙攘的一条街。过去酒吧街的酒吧一家紧紧挨着一家，店主都会招聘几个纳西族小姑娘，身着民族盛装在酒吧门前唱歌招揽游客，这种唱歌模式很快演变成左右酒吧之间、隔溪相对的酒吧之间纳西姑娘的对唱，又很快地这种对唱在游客的参与下演变成“会唱的歌”加纳西族民歌“哑嗦、哑嗦、哑哑嗦”作为收尾曲的对唱，最后变成了游客随意参与的全民对歌。2000年初的丽江酒吧街成为中国一个最大的歌场，那时候每天傍晚六七点开始，丽江的歌场一直要延续到晚上十一二点，游客想参加哪个队就参加哪个队，只要跟着一组纳西姑娘，就可以与对方来一场酣畅淋漓的对唱，“哑嗦、哑嗦、哑哑嗦”的对唱在丽江酒吧街此起彼伏，一浪高过一浪，成为丽江古城最迷人的风景，有多少人就是因为酒吧街歌场的吸引与震撼不停地赶往丽江，流连忘返。多年以后酒吧街的生意越来越火，“一米阳光”“千里走单骑”“樱花啤酒屋”渐渐统一了酒吧街，小支啤酒每支卖到45元，纳西妹妹不用站街招揽生意了，丽江歌场变成失落的梦，几大酒吧为了拉客往死里拉音量，在声嘶力竭的丽江好声音中，各色洋酒，各种杯盏，以及各种黑丝大腿和各种吹牛中，丽江酒吧街散发出怪异而熏鼻的荷尔蒙味道……

07

很早的时候，老奇就有离开丽江的想法，但易慧跟他商量，到丽江几年了，自己都没登过玉龙雪山，再在丽江住两年，等我登了玉龙雪山就陪你走遍天涯海角。

老奇当然随了易慧的意见。但是，老奇的天涯海角在哪里呢？老奇多次提到他们下一步的目标：拉萨三年，尼泊尔三年，印度三年……我问老奇："这么多地方，你的时间够吗？"老奇把手搭在易慧的肩上，幸福地答非所问："有她在一起，我的时间会不够吗？"

那年春节，我、陈涛、小敏在老奇和易慧的提议下，我们一起来到五一街"大冰的小屋"。老奇说，丽江的酒吧没有几个可以去了，只有"大冰的小屋"这样的火塘酒吧，还能听一听。

五一街深处，我们走到一间土墙门面的民房，进门下了几步梯坎，就是"大冰的小屋"，小屋的中央，砖垒的小火塘篝火熊熊，木柴噼噼啪啪轻响。小屋的左侧是放满书的书吧，右边是摆满啤酒、自酿土酒的酒架，正对面一个平台，像北方的炕，平台后面的墙上钉着一块黑色木板，上面刻着“大冰的小屋”。游客们围坐在火塘四周，还有人坐在平台上，听着歌手演唱。演唱的现场很简单：一把吉他，一只手鼓，一把口琴。没有话筒，没有音响。

我到丽江、到大冰的小屋很多次，但是都没有遇到过小屋的主人——大冰。后来从老奇、从大冰的朋友、从书上对大冰有了一些了解，大冰做过山东电视台的主持人，某大学的导师，因为爱好民谣和背包旅行，十多年来在西藏、阳朔、丽江、大理等地一人一鼓唱行走天涯。2013年33岁的大冰以身边的一群“赶着音乐去放牧”的人——大军、成子、路平、月月、王博、白玛央宗、鹏鹏等人的故事写出了自己的第一本书《他们最幸福》，新书出版后大冰一发不可收，2014年又以自己十多年的江湖游历，写出一本二十多万字的《乖，摸摸头》。现在他的书已经出版了七八本。

在大冰的小屋火塘边唱歌的歌手叫大军。大军戴着鸭舌帽，黑边眼镜，满腮短胡子。他唱了一首《红河谷》，又唱了几支自己的原创歌曲，笑嘻嘻地跟老奇、易慧打招呼：你们也来唱一首？

老奇接过大军递来的吉他，把它交给易慧，易慧很自信，问老奇：“唱什么？”老奇看着我们：“大冰的《丽江之歌》听过吗？”

大家说没听过，老奇道：“就唱《丽江之歌》。”

“这首歌也叫《如果我老了》。”老奇补充了一句。

“这首歌还有一个名字叫《把爱做够》。”说话唱歌都很腼腆的大军笑着补充了一句。

易慧在吉他上把试了一下，右手划完吉他的六根弦，362573咪啦来唆西咪，音准很好。易慧环视周围年轻的听众，说：“第一段就免了吧。”

大军用架在脖子前的口琴吹奏起歌曲的前奏，又用手鼓轻轻敲打慢慢的节奏，易慧用和弦配上旋律——6 66 46 5 6 54　45 43 22 11……

如果我老了不能谈恋爱，
你还会爱我吗?
如果我老了不能再歌唱，
你还会陪我吗?

易慧的嗓音干净、甜润，唱起歌来柔情如水。

陪我到丽江来晒晒太阳，
听我诉说伤心往事。
数你的皱纹，数我的白发，
一生一世不要分离吧。

歌唱了一段，老奇用他低沉的嗓音与易慧合唱起来。老奇唱得有一些忧伤，正好弥补了易慧的过于明亮。

如果我老了山都不能爬，
你还会搀扶我吗?
如果我老了掉光了头发，

你还会觉得我帅吗?
陪我到卡瓦格博去晒晒太阳,
一起跪下磕个长头吧。
数你的皱纹,数我的白发,
一生一世这样过去吧。
数你的皱纹,数我的白发,
一生一世这样过去啦。

08

我在老奇们的身上,知道这个世界上真的有人在过着你想要的生活。我抓住时间的缝隙,在现时与丽江之间穿行。我清楚自己的责任、应有的担当,尽管有千般的辛苦、万般的委屈,我不懈地努力、挣扎着。我相信,我终将会获得我期待的时间、自由、阳光和空气。

我与丽江的朋友极少联系,偶尔的联络,一般只是节日短信的问候。在忙忙碌碌的滚滚红尘中,一桩桩丽江往事,渐渐在我的记忆里封尘。

有一天，我在高强度的运转、极度的疲劳之后，还参加了一个说起来很重要的应酬。酒过三巡，实在无法支撑下去，我逃离了宴席。我强撑着回到住所，绷紧的神经一下子松弛下来，倒在沙发上，连伸手拿茶几上的水的力气也没有。睡到半夜，精神和体力有所恢复，我忽然被一阵急促的手机响铃震醒，我迷迷糊糊地打开手机，是老奇来电。我接通电话，老奇低声地在那头说："老向……"

"哎，什么事？"半夜来电，我有些不耐烦。

"易慧走了。"老奇说。

"走了——，去哪里了？"我觉得老奇莫名其妙。

"走了，她走了。"老奇没有给我正面的回答。

"去拉萨了，你没去？"我问。

“没去拉萨，她在丽江。”老奇回答。

“她在丽江，你在哪里？”我问。

“我在丽江。”老奇说。

“你在丽江？易慧也在丽江？你有病啊！老奇，你是不是喝醉了？”一想到酒，我气不打一处来，狠狠把电话挂了。

第二天醒来，我隐隐地记得我跟老奇打过电话。查看电话记录，通话近两分钟。我想应该给老奇回一个电话，但上班一忙，又忘了。

几天后，我还是感觉到自己的做法有些不妥，又隐约感到有什么事情发生。我打老奇的电话，电话都是语音提示：您拨打的电话暂时无法接通，请稍后再拨。

我决定打陈涛的电话问问情况。陈涛告诉我：易慧走了，老奇说要告诉你，你不知道？

陈涛让我知道了事情的经过。

这一年冬天，玉龙雪山山顶风很狂，雪很大。雪山景区封山了两个月。开春以后，天气异常好，天天阳光明媚，易慧决定与老奇一起登山。易慧准备了厚厚的羽绒服，怕自己高原反应强烈，还多带了两罐氧气瓶。他们坐着索道上了4506米，那时已是中午，雪山上天空湛蓝，阳光直照，白雪皑皑，阳光照射下不穿羽绒服竟也不冷。易慧与老奇爬到4680米也没有高原反应，易慧非常惊喜。回走的路上，景区栈道下滑雪场上几对新人正在拍婚纱照，易慧拉着老奇向滑雪场走去。突然，雪山上发出奇怪的声音，那声音从没听过，也很难形容，有点像炸雷，但声音不大，悬在半空，声音刚到，大块大块的冰和雪碴白压压地就下来了，人们四散奔去，先是冰块、雪团陆续砸到老奇和易慧的头上、肩上，忽然一股巨大的力量冲来，将老奇推向二十多米以外，易慧与老奇来时的路变成了一座雪峰，易慧不见了。

“易慧！易慧！”老奇的声音大得震天，老奇冲向雪峰，用手向雪堆里拼命地刨……

雪崩造成了两人失踪。第二天，救援的人们找到易慧时，易慧已经变成一个冰团。

高高的雪山之上，老奇紧紧抱住易慧，用他的体温，一点一点地将易慧身上的冰融化……

我仿佛、仿佛听到玉龙雪山上空，有一个声音在吟唱：

雪山之上
你尝过雪花吗
你能亲我吗
就一下
好吗
哥？

09

老奇将易慧安葬在玉龙雪山脚下，杜鹃林里。那里背靠着雪山，遥望着丽江，前面有大片的格桑花。

老奇将易慧和自己的画送回老家，带着易慧的笔墨纸砚去了西藏。

陈涛告诉我，老奇走的时候，很平淡。走得平平常常，就像易慧跟他在一起，他告诉每一个朋友，我要去西藏了……

大家后来一直没有联系上老奇。今年4月25日尼泊尔地震后，我接到一个陌生号码发来的短信，打开看是老奇发来的。

> 各位亲人、朋友：
>
> 　　我在印度，我很平安，一切都好！半年前我就离开尼泊尔到了印度，大家不要担心。
>
> 老奇

老奇首先想到大家。

我算了算，三年拉萨、三年尼泊尔……按老奇的计划，老奇应该到印度了。

我说的不是丽江，我追求的、感慨的、寻觅的，只是一个叫作丽江的丽江。

你难道不是吗？

你童年的时候，似乎就在这样的小镇待过。一条铺着石板的长长的小街，一直伸向遥远的地方。这里房檐低矮，瓦片青黑，街道不宽，平时人员不多，你在那街中央滚铁环，弹玻璃珠，翻糖纸，踢毽子，铲沙包，和你喜欢的几个女孩玩跳海。星期天赶场这里人挨人、肩碰肩，挑担子的、扛竹子的、抬猪赶羊的在屋檐下的摊贩间摇晃穿行，少不了惹来叫骂，而叫骂在这一片叫卖讨价调笑声中倒也显得生机勃勃。满街上散发着狗汤锅、猪下水、松油柴、稻草烟、马粪味混杂的气息，两边的油榨坊、打米店、中药铺、绸布庄、成衣社、老茶馆、卤味摊、裁缝家、窑上瓷器、孙家香烛的杂货铺子，让你目不暇顾。到了街口，街的正中间，木棍撑着的一张张油纸伞下摆满了肉壳子、素剪粉、热糍粑、烧粽子、水晶凉粉、泡萝卜摊子，周围洋溢着淡淡的香气，让你不禁咽了几下口水，又摸摸口袋，口袋兜里却没有几文钱，只好憾憾走过。比较显眼的就是城门前边的照相馆了，挂满了搔首弄姿的苗装侗服、布依头饰的姑娘，都是当地有名有姓的美女。你一直自豪，这地方还真出美人，如果不是命运的机缘，你也许就在这小镇上出生、长大、成亲，也娶上个这样的美人，也早给你生儿育女。想到这里，你就笑了。

还有呢？

还有就是你百般的努力。你的同学中竟也有考上清华、北大的。你不好也不坏，其实你已经很好了，你考上了省城的大学。更多的人也考上了中专或技校。没有考上学校的，招工、招干进了工厂，入了单位。那几个小子，家里托关系，送了两瓶鸭溪老窖酒，请了两桌客，穿上绿军装，戴上大红花，在敲锣打鼓声中，体体面面、红红火火地离开小镇。你住进都市，小城也拆了建起高楼，变得越来越像都市，你买房买车，白加黑，五加二，忘记了乡愁。你在高楼林立中穿行，高血压，高血脂，高血糖，神经衰弱，哼哼唧唧，唠唠叨叨。你厚着脸皮，低声下气，好不容易请了一个休假，就乘了飞机，坐着火车，开上私家车往丽江跑。你哪是到丽江？你是在寻找自己，寻找来时的路。

你是在说你？

——我是在说你。

你是在说我？

——我是在说我。

10

她说她喜欢大海，大海清澈，湛蓝，深邃；沙滩柔和，细腻，浪漫。她说她不喜欢高原、大山，害怕自己爬不动，缺氧，有高原反应。她说她不听雪崩的故事。

她知道我放不下丽江，在我二月去丽江的时候，在我的拉杆箱里悄悄添了一条围巾，只对我说：到丽江给我写一首歌。

我在大冰的小屋，同一群游客围坐在火塘边听大军唱他的原创歌曲。大军一边唱歌，一边签名卖他的歌碟《风雨情深》。大军的妻子菲菲带着他们三个月大的二儿子，一直陪伴在大军身边。

菲菲是音乐学院的女生。几年前到丽江旅游，在街边见到唱歌卖碟的大军，她就坐在大军身边一直听到天黑也没有离开。菲菲大学毕业后回到丽江成为大军的妻子。大军很爱妻子，每天挣的钱多出150块，他就要给菲菲买一条长花裙。据说家里已经放不下了。

晚上十二点小屋打烊，我们在五一街吃夜宵。菲菲的母亲送来他们两岁半的大儿子。大军打电话约来了三毛、路平、靳松、周杰。大家吃卤菜，喝啤酒，大军谈他第二张专辑的计划，三毛讲如何编曲，周杰说在老房子酒吧的际遇……大军的大儿子爬上凳子，自己抓食盘中的锅贴，小手胖嘟嘟的。

我忽然有了灵感，分手回到客栈后，在一张牛皮纸上写下了这首歌。

此时此刻，丽江古城人头攒动，人潮如梭。雨后的丽江，空气清新，厚厚的云层中，竟也露出一弯新月。大军的悠扬歌声，从大石桥上顺溪流下……

在那洒满金色阳光秋天的早上
你带着明媚的笑脸靠近我身旁
在那人群熙攘的新华路斑马线上
告诉我你就像一朵美丽的花一样
你看那秋风吹抚你红红的脸庞
那是我第一次陶醉在遵义广场
你看那阳光照着我暖暖的心房
你的笑脸是我最美丽的衣裳

在那霓虹灯光闪烁的上海路上
你问我为什么爱情甜蜜又忧伤
在那宁静的夜幕下我俩手牵手
有没有那一种爱情陪你到永久

你看那晚霞映红你羞答的脸庞
那是我一生中不会忘记的时光
你看那月光中飘着你幸福的模样
你在我心里是最美丽的姑娘

（独白：
从此我告别了一个人的孤独
在寒冷的夜晚有你相伴
再也看不到我从前的迷茫
在我的生命里我每天只为你歌唱）

你看那晚霞映红你羞答的脸庞
那是我一生中不会忘记的时光
你看那月光中飘着你幸福的模样
你在我心里是最美丽的姑娘
你在我心里是最美丽的姑娘

我知道，她会寻着这歌声，踏歌走来。

第三章

飞天千年·敦煌

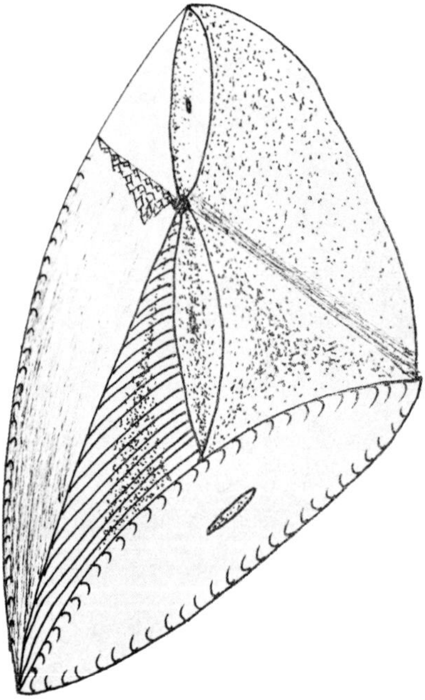

01

张骞，在！

索靖，在！

张议潮、悟真和尚、王圆箓、查尔斯、常书鸿……在！

你在吗？

时间泯灭了那年的记忆，可是你依然可以感受漫天飞沙、达达的马蹄、壮士一去不复返的苍凉。你有一个梦想，从丝绸之路、河西走廊走到祁连山下，走近草原、戈壁、佛窟……去到敦煌漫天的风沙之中，遥望骆驼带着来自异域的风铃，铃声摇曳不定，女人们将圣物虔诚地举过头顶，她们色彩鲜艳、风姿娇娆。

不仅是你，母亲也有一个梦。在梦里，母亲的双眸明亮艳丽，她看见了仙女飞天，伎女反弹。飞天的仙女脸型丰润修长，眉清目秀，鼻丰嘴小，五官匀称谐调。她们有的横游太空，振臂腾飞；有的合十下飞，气度自如优美，豪迈大方。伎乐声中，伎女神态悠闲雍容，落落大方，手持琵琶，半裸着上身翩翩翻飞，天衣裙裾如游龙惊凤，飘逸生姿，项饰臂钏在飞动中叮铃作响，清韵明亮。突然，一位伎女一举足、一顿地，一个出胯旋身使出了“反弹琵琶”的绝技。于是，整个天国为之惊羡不已，时间不再流逝……

你订好了和母亲飞往敦煌的机票，去向领导请休假。

领导说来得正好，正想找你谈谈呢。

领导说：压力太大了。存款任务，差距巨大；贷款投放，遥遥无期；不良贷款，节节攀升；中间业务，短板太短。我们要上下一心，共同努力啊。

你忙说：是，是。

领导又说：不说业务，业务压力大也有客观原因。我们的内控管理呢，32个结果评价指标，82个现场指标，118个非现场指标，我们都认真分析过吗，都一一做到位了吗？

你一听蒙了，热血涌上头端，一下子从头顶红到脚心。

领导说：还是回到业务上。存款，机构存款、公司存款、储蓄存款、同业存款哪样行？机构存款中预算存款、中央转移支付、养老金存款、公积金存款一塌糊涂。公司存款中无贷户下降讲得过去，有贷户也下降，岂有此理！大项目竞争大，小企业呢……

他慷慨激昂，一针见血，句句在理，你心里反反复复说是是，认识到每一项工作自己都责无旁贷，又感觉到此时你要休假，像一个可耻的逃兵。你心底盘算着是开口请假呢，还是就此打住？你说，不管它，请假。另一个你却说，这个时候请假，背鼓上门啊！你说，怕什么！另一个你却说，算了算了……你和另一个你反复交织、撕扯、激烈争斗。

时间答答走过，两个小时过去了，领导还没有说罢，你头上、掌心都冒出了汗水，背心已被汗水打湿。

领导突然问你：到我这里来，没有什么事吧？

你紧张极了，想说是来请休假，却脱口说出没什么事，就想听领导指导。

领导说好吧，就简单地谈这些，以后找机会我们再认真地交流一下。

你说好好，退出了领导的办公室。一出门，你委屈的眼泪一下子注满了眼眶，身体颤抖起来，心底止不住抽泣。

你打电话给票务中心，将飞往敦煌的机票退了，又打电话给母亲，撒谎说突然有一项重要的工作必须做，不能去敦煌了，母亲已经习惯你一次次的爽约，回答你：没关系，下次有机会我们再去！

02

平行的世界，多元的生活。我愿带着微薄的行李和丰盛的自己在世间流浪，既可以朝九晚五，又能够浪迹天涯。大冰的话，召唤着我们深藏在心底的最质朴的愿望，抵达内心和远方。

有一种说法，旅游是到别人居住的地方看风景，旅行是在异乡经历流浪。旅行能够让灵魂与自然交融互汇，让个体的生命对客观世界进行深刻的领会与感悟，体验自然，感悟人生，把一切都视为人生的一种经历，随遇而安，始终保持着平和的心态，沉着应对。

也有这样的说法：旅行如人生，人生也就是一次旅行。真正有价值的人生之旅不在拥有权势或金钱，而在于拥有精神、智慧和道德的力量……

扯谈了，就简简单单说一次出行。

多年前，我第一次去了敦煌。

那年九月，一项工作完成以后，领导问我：最近不去旅行了？

我说：没想好去哪里呢。

领导说：你好像说过想去西北，想去敦煌啊，趁现在不忙，赶紧飞！

领导朝气蓬勃，也是一个有梦和远方的人。他说的正是我所想，直抵人心的话语令人动容。

飞机在兰州机场作短暂的停留以后，再次飞向湛蓝的天空。它掠过黄土高原纵横的沟壑，迎来雪山与白云相接的祁连，不一会地平线越拉越长，戈壁与山孪呈现明显的分界线，转瞬间丘壑融化在一望无际的沙漠之中。武帝拓疆，炀帝盛会，太宗之治与突厥、吐蕃、月氏、党项等2000多年的厮杀与纷争，辉煌与沉落，故事与传说在一个多小时的行程里被纷纷穿越。

走出敦煌机场，我打了一辆出租车直奔鸣沙山月牙泉，司机问我行程怎么安排，我说先看看月牙泉，明天上午到莫高窟，下午去雅丹国家地质公园……

司机三十多岁，边聊边斜望我、观察我，就像我一边聊一边想挖尽他所有的故事。他突然对我说：哥，你是资深背包客啊，一千个才有一个的那种背包客。

恭维的话人人爱听，尽管他说得不对。我笑着问他：怎么这样讲？

他说，一般的背包客，大背包，冲锋衣，大头鞋，形式大于内容。你呢，背包不大，休闲正装，皮鞋锃亮。鸣沙山的沙干净得很，你锃亮皮鞋进去，出来把沙一拍，皮鞋照样发光，不是资深背包客不懂这些。

我呵呵笑起来，问他：你是哪里人？

他说父母都是太原人，七十年代支援玉门油田建设到了玉门，他生在玉门。后来父亲过早地去世了，随母亲搬到敦煌，母亲说，住在敦煌离父亲近一点。敦煌人说我是外地人，太原人更是说我是外地人了，我就是西北人吧，不知道老家和故乡是哪里的西北人。

气氛一下子沉闷下来，我不知道用什么语言来承接他的话题，我仿佛也看到了自己的漂泊与浪迹，有一种“同是天涯沦落人，相逢何必曾相识”的感觉。

他爽朗地打破了短暂的尴尬，问我晚上打算住哪里？

我说：最好住距离鸣沙山近一点的地方，晚上能看沙漠日落，明天上午能看日出。

他告诉我：月牙泉景区大门口就有很多客栈，第二天回景区看日出非常方便，当然最好的还是在鸣沙山里露营，第二天直接上山就可以看日出了。

我眼前一亮，露营正是我的期盼。

他把我拉到月牙泉景区大门口，帮助我在百年曹家客栈办妥鸣沙山露营手续，我们相互留下联系电话，然后分手道别。

当鸣沙山出现在我眼前时，我有一种莫名的亲切感，好像它就在这里等我一般，等我来与它相遇。

一队队的游客，骑着骆驼走向沙漠深处，像是在扮演当年丝绸之路上的商帮。我向我的右前方眺望，越过一座不高的沙丘，我感觉到，一股灵气远远地飘然而来，它的深处应该是月牙泉深藏的地方。

虽然是第一次来，虽然还有几千米，我遥望到了月牙泉：月牙形的清泉，泉水碧绿，如翡翠般地镶嵌在金子似的沙丘上，泉边芦苇茂密，微风起伏，碧波荡漾，水映沙山，如梦似幻。

我首先选择了坐滑翔机飞越鸣沙山，俯瞰月牙泉，然后徒步三公里从景区最高的沙丘顶滑沙下到月牙泉边，我等待日落，拍到沙漠晒金的那一刻；我期待月亮东升，目睹天上的圆月与地上的月牙相映成辉。

我走出鸣沙山月牙泉景区已经是晚上九点，在附近简单地吃了一碗驴肉黄面，百年曹家客栈安排了一辆越野车，将我送往鸣沙山露营基地。

03

百年曹家露营基地在鸣沙山腹地，坐落在一座大沙丘下。说是露营基地，在我到达的时候却没有看见一顶帐篷。沙地的中央安放一口大铁锅，锅上篝火熊熊燃烧，火焰直冲云霄。一百多人围着篝火，跟随着音响播放的藏族民谣欢快地跳着锅庄舞。

人群的一侧，木板在沙地上搭起了一个近三十平方米的舞台，舞台后面立着五六米高的口字形钢架，架上彩灯射向人群，给场地和人群增加了缤纷的色彩。

一个戴着红帽、身穿红马褂青年男子，站在舞台上吆喝着调度舞场的气氛：左两步，右两步，转身。退一步，并步，出左脚，展开手，扎西德勒……

跳舞的人群也跟着呼喊：扎西德勒！

送我的司机把我领到舞台右侧的一排木桌塑料板凳旁，将我介绍给几个穿着红马褂的服务员。木桌上摆满了空啤酒罐，另一边还有两个烧烤炉，这里是游客休息和就餐的区域。

休息区坐着一个唯一没有参加跳舞的客人，他独自喝着啤酒，看着热闹的人群。见我到来主动与我打招呼：来，我们喝酒！他告诉我，凡是露营的客人啤酒免费喝，烤肉免费吃——只要你喝得下、吃得下。

两三罐啤酒下肚，我与他就像老熟人了。他告诉我他来自青海海南藏族自治州，现在居住在西宁，以租车、跑车兼导游、摄影为生，常年出租车跑青海、河西走廊环线。三十五岁，藏族人，现在已经有两个孩子了。他汉字认得不多，为了方便接单和接待游客，开了自己的微博，起了一个汉语的名字：李龙。

他说：你就叫我才让吧，在家里妈妈叫我才让。

我也介绍了自己，对才让说：你就叫我向哥吧。

那边，舞跳了一曲又一曲，人们越跳越欢畅；这边，我与才让越喝越痛快，不到一个小时就喝光了一件啤酒。

才让说到了自己的这一次行程，他开始带着三个姑娘，三个姑娘都是大学生，从西宁到青海湖，再到茶卡盐湖，结果有两人高原反应太厉害，只好赶回西宁将两人送到机场飞离青海，剩下一个姑娘坚持从西宁到兰州，再沿着河西走廊到了敦煌。

才让有些担忧：这个姑娘姓刘，一路上不喜欢说话，基本就是打瞌睡，只有到了景点才下车看看，让我拍照，我跑车几年了她是我见到的最怪的客人。

我问才让：是不是高原反应？

才让说：不是高原反应。在青海的时候，就只有她一人没有高原反应。到了河西走廊海拔不高，她更应该没有高原反应了。

我又问才让：是不是失恋了，那两个女孩陪她到西北散心？

才让说：不知道。那两个伙伴从西宁飞回去了，她坚持一个人在青海、甘肃旅行。

我说：是不是性格，她就不喜欢说话？

才让说：不是，三人时她还是喜欢说话，一路上我感觉她好像有心事。

我说：还有一种可能，是在思考人生。

才让有些不解和诧异，反问我：思考人生？

我也不知道思考人生是什么样的状态，傻傻地笑起来。才让没有在意我的傻笑，还是很认真和担心：等一下小刘下来，你帮我问问，不要有什么事才好。

围着篝火的舞会终于结束，大部分游客走到了舞台前面的沙地上坐下，听红帽主持人唱歌，部分游客回到休息区，坐下来喝酒、聊天。

才让的客人小刘也回到休息区，才让将我介绍给小刘，说我姓向，一个人旅行，今天露营我们三个人有伴了。

小刘比我想像的大方，主动与我打招呼：你好，向哥。

才让提议三人干一杯，小刘大方地带头举杯：干！

九月沙漠的夜晚还是比较冷，小刘黄色的长裙外套着灰色的羽绒大衣。她个高、短发、大眼，嘴角有一颗小黑痣，话不多却并不拒绝与人交流。

交谈里我很快知道小刘是山东威海人，在南京东南大学金融学院读书，马上就要升大二了。我们相互加微信，小刘的微信名叫“勤劳的刘过儿”。

我有些乐开了，对她说：我可以叫你刘过儿，过儿吗？看到你的名字，我一下子想到了《神雕侠侣》里的杨过，我怎么就在这沙漠里遇到过儿了呢，幸会！

小刘反应过来：我取了这个名字，怎么就没有联想到杨过儿呢。向哥你太可怕了。

我一下子来了灵感，说道：还有，你看李龙，倒过来就是龙李，小龙女，怎么小龙女、刘过儿我今天都遇到了？

小刘显然看过《神雕侠侣》，知道我的玩笑没有恶意，哈哈笑起来：向哥，你就叫我过儿，刘过儿吧。

才让听得有些糊涂，但知道我们在说小刘的名字，也对小刘说：我也叫你刘过儿，可以吗？

刘过儿说：可以，可以。

04

露营基地篝火的火焰越来越小，舞台上的红帽主持人在引导人群解散：大家开不开心啊？

大伙喊道：开心！

红帽主持人说道：还想听歌吗？

大家齐声回答：想！

红帽主持人说道：不能再唱了，睡觉的时间到了！

他又说：露营基地的睡觉时间是十二点，明天第一批客人赶飞机，离开基地的时间是七点，第二批客人离开基地的时间是七点半，第三批客人离开基地的时间是八点……大家报个名，什么时间离开？

大家一一报告。红帽又说：现在分帐篷了，需要四人帐篷的举手！

很多人举手。工作人员骑着沙漠摩托从远处的库房拉来帐篷、睡袋，逐一分发，接着指导大家搭建帐篷。

然后又分发三人帐篷、双人帐篷和单人帐篷，在工作人员的指导和帮助下，一个小有规模的帐篷旅馆在沙漠里拔地而起。

我、才让和刘过儿都领了单人帐篷，我们在帐篷的东北角自成一个小群搭建三人的帐篷。才让经常参加露营，非常熟练地将帐篷搭好，帐篷星形摆开，出口一律朝内，既增加了安全性，更方便三人坐在各自的帐篷里继续聊天喝酒。

我们分别到洗漱区进行了洗漱，再回到帐篷时才让又提了一件啤酒，烤了十多串羊肉在等候，他招呼我们：吃宵夜啰。

这时候露营基地的灯光全部关闭，鸣沙山上空，群星闪烁在深邃的苍穹里，月亮在东边的天空上像明亮的天灯照耀大地，沙漠里各色各式的帐篷沐浴在暖暖柔和的银色月光中。

我们三人各自坐在自己的帐篷口，围成一团。才让提议喝酒，我与才让一喝就是几口，刘过儿虽然举杯却喝得不多，她更感兴趣的是美丽的夜空，她问才让，这么美丽的夜空能拍下来吗？

才让把玩着刘过儿的相机，看来他还兼职了刘过儿的摄影，他试着拍了几下夜空，告诉刘过儿：拍不下来，曝光时间不足，要拍下来只有延长曝光时间，要有三脚架。

刘过儿说：我在威海、南京从来没有看到过这么多的星星，从来没有看过这么明亮的月色。

我对刘过儿说：威海、南京的光污染太大了，看不到夜空。

刘过儿又问：我们等到什么时候可以看见银河呢?

才让给刘过儿解释：今天看不到银河，只有在没有月亮或者月亮很小的晴朗的夜晚才能看到银河。

刘过儿有些失望，说：我从来没有亲眼看到过银河。

才让在天空中寻觅着：今天应该可以看到北斗七星。他寻找了一会，说：你们看，北斗星在那里。

才让指着靠近月亮的天空让我们看，怎么也找不到最亮的七颗星星。我朝相反的方向找去，在群星闪烁中很快地找到了像汤勺一样排列的北斗七星。

我指给刘过儿看：这边，一、二、三、四、五、六、七，这才是北斗七星。

刘过儿也发现了勺状的七星的图案，有一些兴奋：我第一次看到北斗七星了！

天空的美丽深深地吸引住刘过儿，我与才让一边喝酒一边遥望天空。我忽然想起才让的嘱托，问刘过儿：刘过儿，你谈过恋爱吗？

刘过儿对此波澜不惊，平静又平淡地回答我：大学没谈，高中谈过。我们考上大学就分手了。

我说：怎么分手了？

刘过儿回答：性格不合，我就借着各自到各自的学校分手了。

我装着开玩笑，问她：你最近在思考人生？

刘过儿还是波澜不惊，平静又平淡地回答我：是啊，我在想我走的路对不对。

我一下子无言以对。心想一个大一的小女生会怎样思考人生，会走怎样的路？刘过儿一边聊，一边下意识地用串羊肉的铁签在沙上勾画，壁画上常见的仕女的修长的手背及手指随手画了出来，画得熟练而流畅。

我问刘过儿：你学过画画？

刘过儿回答：小学、初中都在学画画，别人家的孩子学画画很痛苦，我学画画就特别开心。

我问：为什么后来不学了呢？

刘过儿说：爸爸妈妈怕影响高考不让学了。

我问：你在金融学院学什么专业？

刘过儿回答：金融工程。她停了一下又补充说：我最烦学金融了！

我有点想笑，反问：你烦学金融，为什么要报金融学院？

刘过儿回答：爸爸妈妈让我报的。

我问：大学毕业了有什么打算？

刘过儿回答：爸爸妈妈都给我安排好了，到英国曼彻斯特大学或者伯明翰大学留学两年，然后回国到银行工作。

我说：也可以不到银行工作啊，人行、银监、证监、保监都是公务员，很好啊。证券公司、投资公司、基金公司收入高……没有必要一定到银行工作。

刘过儿说：我爸爸妈妈最想我到银行工作。

我问：你父母做什么工作？

刘过儿回答：做贸易。

我又开玩笑：你父母是不是找过银行贷款，银行不帮忙，所以干脆把你一定要培养成银行人才，一定要进银行工作？

刘过儿还是一如既往的平静和淡定，回答我：不知道。

交谈短暂的停顿后，刘过儿反问我：向哥，你在银行工作，你觉得银行工作怎么样？

我一下子想到了你。

05

你大学毕业了，死活也不愿意参加银行的招聘，选择去银行工作。

你的父亲就在银行。那一年，为了工作，父亲将你转学到遥远的地方。整个初中到高中，你都寄宿在学校，父亲从未到你的宿舍看望过你，帮你整理过一次被子。

你并不是真切地希望父亲去看你，帮你理一次被子；你只是渴望与寝室的其他同学一样，有哪怕一次温暖的经历。

那时候，你每个周末回家一次，星期六一次晚饭，星期天一次午饭在家里吃，父亲经常忙得只能陪你吃一次饭。甚至，他常常做好了饭菜就被一个电话叫走了。

你不知道父亲在忙些什么，父亲也不知道自己在忙些什么。这，当然不是你想要的生活。

你印象深刻，你的学姐茜茜毕业进了银行，茜茜一直做柜员，有一次茜茜的库款少了一万元，不知是收款时少收了还是付款时多付了，茜茜赶紧赔付了这一万元的差错，还被罚款一千元并在全行通报。

你跟茜茜愤愤不平，和茜茜一同入行到信贷岗位的罗强，将客户的九折利率输成基准利率，造成八个月多收客户利息1907元，结果因为没有及时退还客户被投诉，罗强没有赔付客户，反而是他的领导和分管行长被罚款1000元和2000元。

这，更不是你想要的生活。

我想到你、想到你关于银行的故事花了五秒钟，但我还是没有受到你的影响，如实告诉刘过儿：

任何行业都会有不为人知的苦楚。在银行工作很辛苦，甚至有时候有泪水。但是，我感谢银行养活和支撑了我和我的家庭，我对银行充满了感恩之情。当然，一个人选择职业，最好是自己人生的梦想，热爱的事业。

刘过儿真诚地说：向哥，你很善良。

我得到刘过儿的表扬，觉得有一些温暖。但我不知道刘过儿凭什么说我善良，其实我就是一个糟糕的浪行者。

时间接近凌晨两点，我与才让都有了睡意，刘过儿看星空的兴趣依然浓厚，说自己清醒得很。我与才让钻进各自的睡袋，拉上帐篷入口的拉链和衣睡去。

我很快睡着了，并且做了一个梦。

在梦里，我梦见去世了的父亲。父亲坐在我的眼前，身后的背景不断变换。有沙漠驼队，来回穿梭。领头的骆驼大大的眼睛明亮传神，眼睫毛是双重的，两个大鼻孔像两个黑乎乎的山洞，脖子又长又宽，微微弯曲着，嘴巴上扬，它全身金黄的毛与金黄沙漠融为一体。一峰峰骆驼由近及远，慢慢走向孤烟暮霭的大漠。忽然间，背景突变。军旗猎猎，战马奔腾。一匹青花快马挟着滚滚烟尘，疾如闪电，狂奔而至。马背上俯着一名青衣男子，气宇轩昂，俊逸不凡，像我的父亲，又不是我的父亲……我还没有弄清楚，画面又作了切换。满山苍翠，一水碧波，芳草茵茵，鸟语花香。故乡的果园里，父亲爬上梨树，给我们摘梨子。梨子比碗还大，向阳的一面被太阳晒得泛红……画面多而不乱，陌生又熟悉。

梦中的我，似梦似醒。我依稀记得父亲已经去世，怎么又出现了呢。我小心翼翼地问父亲：爸爸，你不是已经走了吗？

父亲似乎没有理解我问的意思，他回答我：我没有走啊，我一直在这里。

我认为父亲不明白我的问话，问得更直接了一些，说：爸爸，我是说你已经去世了。

父亲还是不理睬我的问话，他说：我没有走啊，我一直都在这里！

父亲身后的背景继续在变幻：银河高悬，满天的星斗闪烁着光芒。无数的银珠密密麻麻镶嵌在蓝色的夜幕上。银河像一条锃亮发光的白带，横跨繁星密布的天空。星际间不时划出几颗流星，像一柄利剑将夜幕划成左右两半，发出柔柔的和声。银幕又滚动过去。我们家门前无际的森林像海洋一样，郁郁葱葱，舒心凉爽。阳光像缕缕金色的细沙，穿过层层叠叠的枝叶，洒落在草地上。还有喜悦和哀愁，痛苦和悲伤，思念和牵挂，开心和失望……画面和情境还是多而不乱，陌生又熟悉。

再具体的梦境我已经记不清楚，总之我与父亲谈了很多内容。再有一个细节是父亲问到了母亲，希望我好好照顾母亲。不知道是不是这个原因，我在梦里流出了眼泪。忽然，父亲连同后面的背景开始缓缓地向后移动，慢慢地后退速度越来越快，父亲离我远去。我大声呼叫，但无济于事。父亲的身影越来越小，终于看不到了，我眼前变成白茫茫的一大片。

我惊魂未定，从睡梦中醒来。

我睁开眼睛的确看见了白茫茫的一片：午夜的月亮正好升到夜空的正中央，月光从帐篷顶上透明的塑料布上直泻而下，将我的帐篷照耀得如同白昼，帐篷里的银色月光与三十八万公里外的月亮紧紧相连。

我起身走出帐篷向沙漠的远处走去。此时的沙漠没有一点声息，辽阔、广袤，与整个宇宙相连，不分彼此。整个宇宙就像一片沙丘，地球、月亮以及每颗星星就像一粒细沙，遥不可及而又紧密联系。我也像一粒细沙，与它们共同存在于广袤的时空之中，一切都那么明晰、单纯、干净、亲近。

至于我梦中的意味，应该没有明确的阐释。简单的层面，可以把它作为丧失、永远分离在梦境中的一次预演，和挚爱亲情相比，大多数事物未必真的是那么高尚庄严。复杂一些的层面，是不是我捧起的、抚摸的、注目的某一粒沙子，某一束月光，某颗星星，某一片星云与我的某一个细胞的量子，产生了“量子纠缠”，让时间发生了微妙的曲线变化，时空在某一环节发生变形，让出一个隧洞，让我直达父亲灵魂栖息的地方，与父亲又一次相遇。更高一些的层面，可以涉及世界最伟大的精神传统，他应该是前世不灭的记忆，来世更加美好的憧憬，赋予现世生活神圣的意义……

我的这种感受与这几天大家看得泪奔的《寻梦环游记》有一些不期而遇，你可以认为我是受其影响，有感而发。不过我的梦在先，《寻梦环游记》在后，我提它能够增加你对上述文字的理解。我总是无聊地这样码字，然后发给你看，让你玩手机消耗了许多宝贵的时间。

我回到帐篷已是凌晨五点半，我听到才让匀称的呼噜和刘过儿微微的鼾声，他们的睡梦里，又是怎样的景象呢？

06

我再次醒来是上午七点，才让在帐篷外拍打我的帐篷：向哥，起床，起床，七点十五日出，起紧上山，起紧上山！

刘过儿已经在我之前起床，才让怕耽误时间，让我与刘过儿上山，他负责收拾帐篷，我与刘过儿跟随看日出的人群向山顶登去。

我们爬上一座最高的沙丘，沙丘与天边的彩霞连在一起，天际上的光线越来越明。东边天上蓝黑色的云里突然显出一条细细的抛物线，红色和金色像沸腾的溶液一样从云里冲出来，天际更加明亮。然后，在红霞的缝隙里，冒出小片的红，几片破云密密地凑集在一起，融化在一起，慢慢地又跳出几片红斑。太阳圆圆的轮盘露了出来。它像火一样明，像火一样红，像火一样强烈。又过了一会儿，所有的黑暗都被它照亮了。我在霞光斑斓、光影缤纷变化中，拍下了一张张炫目的沙漠日出。

下山以后，因为我预订的是上午9点30分的莫高窟门票，刘过儿预订的是上午10点雅丹国家地质公园的门票，行程和方向都不同，我们将分道而行。离开露营基地，才让执意要将我送到莫高窟游客服务中心，我客气了一番，才让说就不要客气了，当兄弟的应该送你。

到了莫高窟游客服务中心大门前，我提上背包下车准备与才让、刘过儿道别，一个保安走过来吼道：这里不是停车的地方，开走，赶快开走。才让、刘过儿只好把车启动向我道别：再见，向哥，我们走了……

我与才让、刘过儿就这样在敦煌擦肩而过。我留下了才让的手机号和微信，一直保持着与他的联系，才让时常从微信朋友圈发几秒钟的视频，晒自己又在青藏高原、河西走廊跑到了什么地方。

而我只加了刘过儿的微信，在我的老手机丢了后，微信联系也丢失了。

我看过刘过儿在朋友圈发的信息。她在西北旅行时配图发的一些文字给我留下深刻的印象，这些文字与她讲话的风格一样平静淡定。在茶卡盐湖她这样写道：茶卡拍的照片没有一张能看的，但毕竟我还下了冰冰凉的湖水；在甘肃博物馆她观看马踏飞燕、人头形器口彩陶瓶时这样写：真正的历史、艺术还是在西北，震撼；在七彩丹露这样写：差五分钟停止检票的时候我冲了进去，幸运；在马蹄寺这样写：马蹄寺没有被好好保护，大部分壁画都不见了甚至很多被人抠走了，很可惜；在莫高窟这样写：莫高窟保护得很好，震惊，不想走了……在我为她拍的晨曦中等待日出的照片上留的文字倒有一些诗意，这样写道：

人群
和我
静等日出
我静静地就像等待重生

我很快到了莫高窟。

莫高窟成就了敦煌，敦煌就是莫高窟。

敦煌，南枕气势雄伟的祁连山，西接浩瀚的塔克拉玛干大沙漠。两千多年前，因为河西走廊的风云际会向年轻的汉武帝招手，霍去病两次深入河西走廊驱逐匈奴。当他停下来的时候，发现这里恰好有从祁连山流下来的雪山河水，有绿洲，是一个理想的防御和出击的基地。

于是，敦煌成为汉帝国向西域迈进的边城。

又过了400年。

公元344年的一个黄昏，有一个叫乐僔的和尚途经宕泉河谷时，看见鸣沙山在金光之中千佛显现。乐僔认为，这里是佛教圣地。

他决定不再匆忙赶路，留在这里开窟造像。正是这个决定让敦煌有了它的第一个石窟。

从此，日出日落，斧凿声声，敦煌佛窟的营建从未在如流的岁月中停止，一代又一代的僧侣、画匠、供养人将他们的信仰和希望刻绘在石壁之上。石窟不断增加，窟中的佛像改变着容颜，从雄浑健壮变成秀骨清像，继而转向柔和丰腴，色彩逐渐细致艳丽，构图愈加大胆，佛国世界变得前所未有的宏大欢乐。

在莫高窟的洞窟里只能听导游讲解，进去的时间不能长，不能拍照，我只能在这享誉世界的人类艺术宝库中穿行。短短几个小时的参观，让人流连忘返，一辈子难以忘怀。

07

八年以后。

八年以后我再一次来到敦煌，这一次，我陪同母亲到河西走廊走了一圈。

在莫高窟，母亲对佛像、壁画的来源很感兴趣，我们去到洞窟对面的莫高窟博物馆，参观了解石窟的画师与工匠来自何方，石窟壁画的绘制工序，壁画绘制所需的矿物质颜料，佛像造像的工序，我一边看一边拍照记录。

我身边走来参观的人群，听他们交流，看得出他们是一个老师带着五六个学生到敦煌学习。忽然，一个头戴黑边眼镜、脖挂黄色工作证的女生兴奋地向老师身份的长者喊道：赵老师，你好！

长者有些迟疑：——你是？

女生非常高兴：我是你的学生刘婷婷！赵老师，2011级的学生刘婷婷！

赵老师从迟疑中慢慢回转过来：哦——你是刘婷婷，你离开北师大后去哪里了？

刘婷婷回答：我去日本了，去日本跟手缘雄工学习重彩画、岩彩画和壁画保护。研究生毕业我就来敦煌了，反正我就是喜欢敦煌。现在在敦煌研究院美术研究所工作。

我有幸见到了一场师生在敦煌的巧遇，我敏锐地用相机拍下这动人的一刻。刘婷婷与赵老师互留手机，互扫微信，赵老师带来的学生们也在一旁见证了这一时刻。

这一天正好是9月10日教师节，我决定将这动人时刻、在这特定的日子的相遇发给这一对师生。刘婷婷扫我的微信的时候，我发现她嘴角有一颗黑痣，我一下觉得她有些面熟但又想不起在哪里见过她。我将我拍的照片通过微信传给了刘婷婷和赵老师。

到了晚上，我和母亲住进了宾馆，我忽然接到了刘婷婷发来的微信：向哥，你是贵州的向哥吗？

我回答：是啊。

刘婷婷回我：向哥，我是刘婷婷啊。

我有些蒙，回答：嗯嗯，知道你是刘婷婷。

她说：我是八年前鸣沙山露营的刘婷婷。

我突然想起来了：你是刘过儿。

刘婷婷倒蒙了：刘过儿，什么刘过儿？

我回答：当时我叫你刘过儿。

她回答：是吗？你叫我刘过儿？——哦，想起来了，你叫我刘过儿！有段时间我的微信名好像叫过什么刘过儿！

刘婷婷——刘过儿与我聊起八年来自己的经历。八年前的敦煌之行使她决定把今后的人生留在敦煌，守护敦煌。从大西北回到威海后她告诉父母自己的决定，父母坚决反对。开学回南京后，她瞒着父母一边打工赚钱，一边自费恶补美术专业，第二年居然考上北京师范大学艺术与传媒学院。她的决定最终得到父母的理解和支持。两年后又东渡日本跟著名的工笔画家学习，毕业后通过招聘如愿来到敦煌工作。

刘婷婷对我说：向哥，我其实非常感谢你，感谢你帮我坚定了自己的选择，让银行少了一个平庸的职员，让敦煌多了一个坚定的守护者。

我一点都接受不了，说：言重了言重了，怎么能这样说，怎么能这样说！

刘婷婷说：那天在鸣沙山露营，你说每个行业都有自己不为人知的苦楚，当然一个人选择职业，最好是自己人生的梦想、热爱的事业，你帮助我坚定了自己的选择。

我不禁唏嘘和不安，我平时胡诌乱说、口无遮拦，怎么就影响了一名女孩的人生抉择了？人生抉择怎么可以这么随性呢？不过，我又想到事情的另一面，人能够坚定朝着自己的梦想和事业走去，需要勇气和毅力，这是多么的耀眼和辉煌。

刘婷婷问了一些我旅行的情况，她告诉我，明天是王潮歌导演的大型室内情景剧《又见敦煌》上演一周年纪念演出，她在《又见敦煌》中做了一点美编工作，手上有一些门票赠券，邀请我与母亲去观看。

我说：好啊，谢谢你，刘过儿。

第二天下午我与母亲如约去到《又见敦煌》的演出剧场。剧场以“沙漠中的一滴水”为创意设计，像一个无法被形容的蓝色晶体镶嵌在戈壁。我按刘过儿的提示在售票大厅领取了赠券，进入了一个壮观瑰丽的幻境空间。

这是一场穿越式的观演，与其说是一次观看，不如说是一次亲历穿越的体验。它展示了两千多年以来历经的漫长岁月，像一部悲壮的史诗。第一次将观众和演员靠得如此之近，第一次将现实和历史间隔得如此之短，第一次将震撼和感慨交汇得如此之盛。当张骞、索靖、张议潮、米薇、常书鸿、樊绵诗、王潮歌、从明玲、张冬……的名字一个又一个响起，短促而又低沉的应和“在”，时空的甬道瞬间联结，我们和他们——这一个又一个敦煌史诗上的人们，同在一时，同处一室，忽然灯光亮起，在铺满细腻白沙的丝绸之路上，他们流动起来，鲜活起来，他们走过了千年，越过了丝路，走进了风沙，走到了我们面前。在这个远古和现代敦煌的开拓者、守护者的人群中，我当然听到了刘过儿的名字，看见了刘过儿向我走来，她的目光坚定有力，内心平静而淡定，在我们的一次次的对视中，我的整个心灵都被震颤……

在不知不觉中，我已泪流满面。最后，一个画外音问诗人王维：一年有多长？诗人答：365天，不过一瞬间。又问，人的一辈子有多长？诗人答：一辈子……不过一瞬间。再问，一千年有多长？诗人作答：不过一瞬间，春一去，冬一来，一千年就过去了！

这一刻，悲壮、苍凉、无奈的主题曲《千年一瞬间》从四周响起，黄绮珊将它唱得淋漓尽致，我的泪泉再一次溃坝……

一瞬间　就在一瞬间
一场梦　梦了一千年
一转眼　只是一转眼
梦已醒却过了一千年

一瞬间　就在一瞬间

一滴泪　流了一千年
一转眼　只是一转眼
一阵痛却痛了一千年

一瞬间
风为你流泪
天为你心碎
雨为你哭干
就在那一瞬间
梦已经破碎
泪也已消散
岁月难离欢
……

08

我与母亲走出剧场，在剧场的出口处，我看到了才让、刘过儿在出口等候着我。

我眼睛红红的，不好意思地向才让、刘过儿打招呼：才让你也来敦煌了？

才让说：我这两天在敦煌陪客人，早的时候看小刘的微信知道你来敦煌了，所以就赶过来了。

刘过儿说：我和龙哥一直都有微信联系呢，我告诉他向哥到敦煌来了。

——看来，才让忘了刘婷婷叫过刘过儿，刘婷婷也只记住才让的汉字名字叫李龙、龙哥。

李龙说：向哥，我请你和老人家吃晚饭，吃烤羊肉好吗？

我告诉李龙：来不及了，现在已经是六点半，我订好晚上九点飞兰州的机票……

我与刘婷婷、李龙就这样短暂和神奇地再次在敦煌相遇。刘婷婷陪着李龙将我和母亲送到敦煌机场，在车上我问刘婷婷在敦煌生活习惯吗，刘婷婷说还行，就是空气太干燥了。我问她有男朋友吗，她说有啊，就是一起到敦煌工作的男同学，我们明年就要结婚了……到了机场，李龙、刘婷婷帮我和母亲提了行李，一直将我和母亲送过安检。

我说：再见了，刘婷婷，李龙，你们一定要到贵州。

刘婷婷、李龙说：向哥，我们一定会去贵州。

我关于敦煌，关于刘过儿，关于才让的故事只能写到这里了，未来还能不能写，未来的剧情会不会发生变化，我真的不知道。

敦煌是金戈铁马，也是灿烂千阳，鲜花开遍的天空。一千年后，它会如沉沙一样碎去，归于尘土，归于寂静。物质的辉煌可以不再，但精神的路会长存。

才让看了我写的《飞天千年·敦煌》，每次都会及时点赞。冬天来了，没有生意，才让经常在微信里玩开心消消乐、梦幻花园。

偶尔开车回青海海南老家，大雪冰封的路上小心呀。

明年春天以后，你去青海，去大西北，需要租车、拍照兼导游可以找才让，他的手机号是15997040545，你联系他，照顾他一点生意，好吗？

刘过儿总是波澜不惊，平静又淡定，看了我的微信总是一言不发。她有许多重要的事要做，不跟我在微信上无聊。

想到刘过儿，我也会想到敦煌的两个老前辈，两位敦煌研究院的名誉院长。

一个是“敦煌守护神”常书鸿。这个在法国留学的杭州画家，只因为在异国他乡偶然见到一本关于敦煌壁画的图录，惊叹之余，义无反顾地回到中国，来到敦煌。他于1943年促成了国立敦煌艺术研究所成立，开创了“敦煌学”，在敦煌一干就是四十年。

另一个是“敦煌女儿”樊锦诗。1962年，24岁的上海女孩，北大历史系考古专业学生樊锦诗到敦煌实习三个月，毕业后毅然选择了敦煌就再也没有离开，她把文物保护与利用紧密结合起来，开创了“数字敦煌工程”，一干就是五十二年。

他们是那么不同，又是那么相似。他们激励我将刘过儿的故事坚持写了下来。

那些曾经温暖过我的，希望亦能温暖你。

从敦煌回家以后，在阳光的周末，我在阳台上坐着摇椅，用音响反复播放黄妈的《千年一瞬间》。她说：难听死了，鬼哭狼嚎似的，又没有词又没有调，你去敦煌受到刺激了啊？

呵呵，没有。真的没有。既不是喜极而泣，也不是忧伤而歌，我就是喜欢撕裂、沧桑、抗争，就是喜欢音乐。

生活一天一天地往前走，愿每个人的生活幸福而又充满诗意。

今天是冬至，不听《千年一瞬间》，听我为你创作的《冬至》，好吗？

这一年的冬至特别又闪亮
南方的小城雪花纷纷扬扬
热气腾腾的羊肉满街飘香
欢乐节日温暖白茫茫的家乡

你说去打一场痛快的雪仗
因为瑞雪会带来新年吉祥
高坡雪地里阵阵欢声嘹亮
撒野的你把雪花灌进我胸膛

la　la　la　la　la

新的一年正如你说的一样
田野披上金灿灿的盛装
桃花朵朵开到白云之上
道道彩虹相依在马岭河肩膀
怒放的三角梅萦绕大街小巷

新的一年如你说的一样
我离开家乡去那遥远的地方
端一碗满满的羊肉粉依依告别
留下你在百花丛中遥遥的守望

这一年的冬至特别又闪亮
我们的城市大雪纷纷扬扬
挂满灯笼的街道不再是往日时光
只留下你凝固成诗和远方
只留下你凝固成诗和远方

为热爱而活，真好。

第四章

人面桃花·兴义

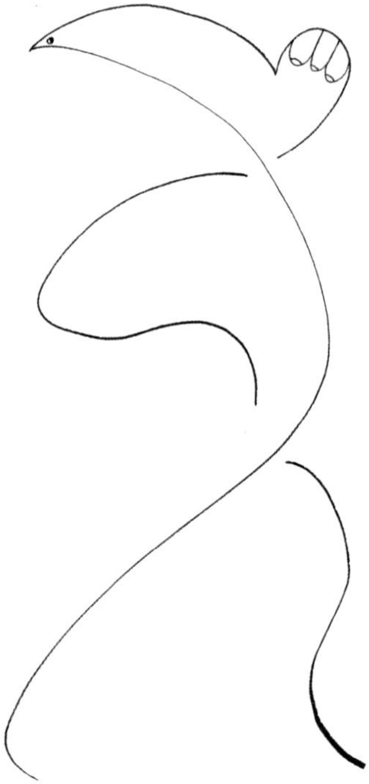

01

这是阳光之城
是鲜花常驻的地方
这是你深情的双眸
让她久久不能相忘

这是你为兴义写下的诗句，它凝结了你对兴义的深情厚谊，也是现代兴义在人们心中的写照。相信在不久的将来，这句话会与三百多年前徐霞客在兴义留下的“天下山峰何其多，唯有此处峰成林”一样，被人们铭记，铭刻在兴义人心中。

我认识娟子是在杨哥宴请的一个饭局上，出席饭局的大多是兴义人。杨哥的老朋友、贵阳的冉哥——冉俊也来了。

因为是老乡的缘故，三言两语之后大家很快就熟悉起来。娟子也是兴义人，省电视台第二频道的总编辑，从兴义调到省台已经十五年。

娟子的年龄应该不小，但看起来只有二十多岁。娟子身形秀美，削肩长颈，瘦不露骨，皮肤保养得柔软水嫩，脸上没有一丝皱纹。长长的眼睫毛盖不住圆大明亮的双眼，眼神带着点幽微神秘，这种眼神不掺一丝杂质，活像两泓秋水纯净、清澈。疑眸时目标彰明，眼神是自信的、迷于五色的、诱惑的，又像灌了蜜，腻腻的、媚媚的。娟子言行举止落落大方，既有媒体人的优雅，也保持少女般的天真与好奇，让人敬重又倍感亲切。

菜好酒香，饭局自然轻松愉快。几杯酒下肚，大伙的话匣都打开了，有些相互揭老底。原来冉俊在十八年前就认识了娟子，娟子调到贵阳后，冉俊还请娟子吃了一次饭。

“哈哈，冉哥你好啊，背着我们请美女吃独食。”杨哥和大家打趣冉俊，娟子和冉俊一下子成了饭局的主题。

娟子与冉俊相识的故事杨哥最清楚，他理所当然地述说起当年的故事。2001年分行里换了领导，陈老板到了贵州，陈老板竞聘上岗，工资零基预算，县支行四大职能……改革风生水起，全省各地闻风而动。老陈管理严厉，要求极高，各地行长没有不被其痛斥的。半年后，他将到兴义，兴义的行长王兴如坐针毡：陈老板来了我们怎么办？当时还是办公室主任的杨哥出了个主意：陈老板来兴义全程记者采访摄像，他就不好发火了。

陈老板到兴义刚一下车，就发现电视台的摄像机对着自己，板着的面孔一下子舒展开来。当时的摄像记者就是娟子，娟子传媒大学刚毕业，来到电视台工作就接到第一单采访任务，像春风一样紧紧跟随陈老板，陈老板被年轻漂亮的记者紧盯不放，心情像被阳光照耀自然也是暖暖的，一直将微笑挂在脸上，尽显领导风度与学者气质，在兴义三天里，都是谈笑风生、儒雅有致。杨哥的主意获得成功。

杨哥说，为了使接待全面成功，他还有一个主意，把陈老板的驾驶员小潘——潘健介绍给娟子。小潘是陈老板从四川带来的驾驶员，也是一个单身英俊的帅哥，谁知半路杀出个程咬金，他的计划落空了。

半路杀出的程咬金就是冉俊。冉俊当时是陈老板的秘书，也随陈老板一起到了兴义。

那时，冉俊出差就是给陈老板提提包、拿拿水杯，有座谈会做做会议记录。跟在严厉的陈老板身边，冉俊自然也压抑得很。当天下午，陈老板与兴义市长、王兴等陪同人员到万峰林阳光盆景园休息后，冉俊就约了娟子到了园子旁边的纳灰河上打水漂去了。

那是三月的傍晚，恰逢火烧云。蓝天上堆起层层白云，太阳渐渐西沉，阳光把云彩照得通红；河水从百步桥上潺潺流下，如同斑斓的碎金。金黄的菜花倒影在水中，蜂飞蝶舞，冉俊与娟子站在百步桥的石凳上，青衫红袖，他们用鹅卵石在水面上打着水漂。“冉哥六漂，大厉害了！”娟子惊喜地叫着。

“冉哥，我怎么只打了一漂呢？”娟子认真地问冉俊。

“娟子，你手抬高了，再低一点，再低一点，石头与水面成一个平面。用力，出手。”冉俊边说边示范，娟子学着冉俊的手势，将石子抛了出去。

“哇，我打了三漂，我打了三漂！”娟子欢喜地的喊道，惊吓了不远处草丛中一对野鸭“扑、扑、扑”地逃向远方……

02

很早很早的时候，我在兴义居住了六年。

兴义是我心灵的故乡。兴义用它的开放、包容、善良接纳了我。兴义是灿烂朝阳，将我冰冻的残雪融化；兴义是一米阳光，照亮我的前行路程！

兴义当然是一个有故事的城市。张之洞、刘显世、何应钦、王伯群……在这里留下深深的足迹。几届领导人都到过："万峰林是兴义人民的聚宝盆。"《再回兴义忆耀邦》："看得见山，望得见水，这里记得往乡愁……"中国大佬都与兴义结下了不解之缘。

兴义一年四季都有鲜花：冬天蜡梅油菜遍地开，春天桃花李花漫山野，夏天三角梅盖全城，秋天菊花满世界。

就让我，就让我说说你罢。

那一年，你流浪到兴义。

固执与背叛像恶魔一样摧毁了你的妻子、你的家庭，你只身一人带着六岁的女儿来到兴义。

女儿刚到兴义就患上可怕的肺病。那一天夜里，女儿全身滚烫，高烧到四十度，瘦弱的女儿躺在床上呼唤你：爸爸，我要到医院输液！

女儿就是你仅存的、唯一的寄托了。你赶紧用女儿的绣花背带将女儿背上往医院赶。这时已经是凌晨两点，天下着雨，你没有带伞，就用背带布给女儿遮上。院子的大门已关，你使劲地拍打门锁，呼喊值班的贺伯开门。贺伯不知是睡熟了，还是不耐烦半夜起床开门，值班室里没有一点动静。你又使劲地拍打门锁，门锁撞击在铁门上，啪啪啪、啪啪啪直响：“贺伯开门，贺伯请你开门！”你大声地叫唤，贺伯才从值班室走出来，一脸不高兴地问道：“半夜三更的，要去哪里？”你说送女儿到医院，贺伯说：“现在去医院？鬼张你啊！”就在贺伯打开门锁的瞬间，突然前方一道闪电蓝光扑来，“轰隆”一个惊雷，你、贺伯和周边的树、房屋化成蓝影，雨下得更大了。

那一个周末，兴义的老同学、老朋友给你接风，在龚家狗肉馆喝了一台大酒。大伙怕你喝醉开车，预先将你的昌河车钥匙收了起来。清汤狗肉一上桌大家就玩起扑克“喂饱”喝酒，等到狗排、狗灌肠、狗肉末、卤狗肉上桌，你已是几碗酒下肚。你酒上心头，想到命运的不公、遭遇的委屈，又想到人间还有真情在，你想哭又想笑，喝酒的心情更加强烈，三瓢五瓢地往碗里加酒，仿佛加到碗里的不是酒而是水，你喝了一碗又一碗，大伙劝你别加酒了，你那里听得进去，说道：“今天是给我接风，哪个也不要劝我。”

你下桌吐了，又歪歪斜斜地上桌，你失去了理智只剩下酒，甚至别人输的酒你也抢着喝……这时只听见“扑”的一声，一碗酒向你的脸上泼来，你用手使劲地擦着脸上的酒，浸入你眼睛的酒水咬得你疼痛难耐，你身旁的人连忙找出毛巾和手帕把你脸上的酒擦干净，你看到泼酒的是你的同学朱豫莎，朱豫莎恶狠狠地盯着你：“都喝成这个样子了还要抢酒喝？”说完又把手中的酒碗往地上砸去，“哐”的一声，碗碎四处飞散。

你斜着头弯着眼也盯着朱豫莎，你想说什么其实你什么也说不出来了。你的眼被酒刺激得火辣辣的，泪水就浸润了下来，你一不做二不休也把你面前的菜碗掀翻，情不自禁地痛哭起来。

有人劝你别哭，你却哭得更起劲。你推开人群走向你的昌河车，大伙都呆呆地看着你。突然你从腰上摸出一串钥匙，上面还有另一把车钥匙，你开门上车，将车嗯嗯开走……

“老何真的疯了，老何疯了……”大伙叫道。

那时候兴义的车辆很少，满街都是摩托，也没有酒驾的法律。大家怕你出事，也都在酒兴上，就骑上摩托追你。你越开越快，丰都大道、民航路、桔山大道……朝着顶效方向开去，车到马岭河大桥前你下错了道，将车开到峡谷风景区大门口，没有了路你才将车停了下来，骑着摩托追你的车队也陆续追到风景区大门口。

你走下车来，站在景区大门口越发哭得展劲。官文劝你："老何，别哭了，哭什么啊？"

你说："我难过，就是想哭，官文。"

官文说："我也难过，我也想哭。我家嘉毅在家里什么事都不管，里里外外都是我撑着，我想哭。"官文说着，也失声痛哭起来。

汪晓琳见状，说："官文你哭什么啊，我家半条命从不管我们，还在外面找人，要哭应该是我哭。"说毕也大哭起来。

勋哥说："怎么你们都哭了？最该哭的是我，我们家小胖子小升初，我忙得一次都没有陪他……”转身也哭了起来。

就这样，一群人十多个酒疯子，都想着自己的伤心事，或坐，或站，或相拥，在马岭河峡谷风景区大门外，痛哭了一夜，直至天明。

03

我写下《人面桃花·兴义（一）》是在一个月以前。写完的第二天，在下班回家路上，我的脚便崴了，右脚脚背惨遭骨折。“伤筋动骨一百天”，我只能包了中药在家静静地等待恢复。一周后的一个早晨，我的肚子突然剧痛，胃病？不像！肠炎？也不像！阑尾炎、胰腺炎……难道真是祸不单行？我一下子情急起来。打电话问得过急性胰腺炎、死里逃生的皮哥，皮哥说不能喝水，到医院抽血化验就知道结果了。又打电话给同事孙总，他的大哥是贵州医院院长，却不料时间太早了，孙总没有开机。

这才想起自己也有资源。于是打电话给省卫生厅工作的大哥，贵阳五医院长的姐夫刘哥。刘哥果断地说：“急就打96999，贵医附院的急救电话，离你家最近！”

到了七点，我痛得在沙发上打滚，赶紧打了96999电话。不一会，急救车呜呜地开到小区，急救的医生见我脚上包着药，双手支着拐杖，就有些蒙了：“肚子痛的病人呢？”我又气又想哭，说：“就是我啊！”

我被抬上救护车，直奔医学院急救中心。带轮担架将我抬下，问诊、抽血、采尿、CT、打止痛针……一路绿灯。但是肚子打了止痛针也不起作用，疼痛变得撕心裂肺，我真是痛苦欲绝，好在CT结果9点半就出来了：尿道结石，尿道有一些水肿。

看到检查结果心里的石头放下了。护工将我推到急诊病房输液，输完液结账回家。账单中的急救车出诊费50元、护工费50元，比我想像的便宜多了，关键是我只花了100元就享受了一次贵州最好医院的VIP服务。

医生指导我吃中药打结石，服用肾石通颗粒冲剂。不想第二天上午肚子又痛起来，结石还在“走路”！赶紧吃了两片“颠茄片”

止痛……就在这样反反复复的折腾中，我的《人面桃花·兴义》搁下了。

当然，这期间我也不是绝对闲着。身体好一点的时候我将《人面桃花·兴义（一）》从微信里发给冉俊，冉俊看后大笑："编，编，继续编！你太有才啦！"后面又加了三个大拇指的表情。

我也把《人面桃花·兴义（一）》从微信里发给了娟子，娟子看了先是给我回了一个微笑的表情，又说："阿哟，哥哥，看了那么美的照片，就先点了个赞，打开文字才发现惊喜之余还有满满都是感动啊。"然后又是一个微笑的表情："哈哈，套路。"再然后又说："写下去，我给你打call。"

娟子当然是说我佛系小生不像油腻大叔，没有撩妹的套路。她的提示让我有些不安，于是我把故事传给女儿，女儿看后提了两条意见：一是"娟子"名字太土，二是你哪来那么多故事？脚崴了就好好休息。

我告诉女儿，我是实名制写作，娟子就是娟子，用娟子写娟子就很流畅。我手机里、微信里的名字像雅琦、丽娜、若曦、煜嘉……多得很，但是换了一个写《人面桃花 · 兴义》就写不下去了。

不说脚崴了的事。关于第二个问题我与女儿作了认真的探讨。我想应该是时间创造了故事，我相信时间创造了诞生和死亡，创造了幸福和痛苦，创造了平静和动荡，创造了记忆和感受，创造了理解和想像，最后创造了故事和神奇。

余华这样阐述时间的神奇。

> 《太平广记》卷第二百七十四讲述了一个由时间创造的故事。一位名叫崔护的少年，某一年清明独自来到城南郊外，看到一处花木葱翠的庭院。崔护叩门良久，有一少女娇艳的容貌在门缝中若隐若现。崔护与门丁简单对话后，以“寻春独行，酒渴求饮”的理由进入院内。崔护饮水期间，少女斜倚着一棵盛开着桃花的小树，“妖姿媚态，绰有余妍”。两人四目相视，久而久之。崔护告辞离去，少女送至门口。此后的日子里，崔护度日如年，时刻思念少女的容颜。到了第二年清明日，崔护终于再次前往城南，来到庭

院外，看到花木和门院还是去年的模样，只是人去院空，门上一把大锁显得冰凉和无情。崔护在伤感和叹息里，将一首小诗题在了门上：

去年今日此门中，
人面桃花相映红。
人面不知何处去，
桃花依旧笑春风。

这段文字非常美妙，简短的故事说明了时间的意味深长。在这里，时间隐藏了它的身份，可又掌握着两个人的命运。在文字的叙述里，没有什么比时间更具有说服力了，因为时间无须通知我们就可以改变一切。在我黔驴技穷的时候，我抄录这一段所用的时间改变了一切，我的叙述又如泉水奔涌而出。

04

那天你在马岭河峡谷风景区门前痛哭，我也跟着哭起来。时至今日，我也想不起当时我痛苦哭泣的理由是什么，我就把它定性为酒后发疯。但是我清楚，当年我年少无知，对你的遭遇不以为然，甚至还有一些嫉妒：你凭你的遭遇就赢得了很多女性和朋友的关心和关注，这多少有一些令我不爽。

在李舒琼大姐的帮助下，你找到了一份安定的职业，到大地保险做了一家支公司的副经理，公司还给你解决了住房，你搬到了公司的周转房住了下来。

因为我的办公室就在你家对面，所以我经常到你的家里，看见你的家慢慢地变成了一个像家的家：有了沙发、茶几、餐桌、电视……你还画了两幅国画，用木框、玻璃装饰了挂在墙上。只要你在家，你家的386电脑总是在放刘欢的《从头再来》："昨天所有的荣誉，已变成遥远的回忆……我不能随波浮沉，为了我挚爱的亲人。再苦再难也要坚强，只为那些期待眼神……心若在梦就在，天地之间还有真爱；看成败人生豪迈，只不过从头再来。"尽管我小心眼里对你存在嫉妒，但是看到你的日子一天天变好，我还是由衷地为你高兴。

你一边努力工作，一边努力挽救自己散失的家，你托我给你的妻子送去托尔斯泰的《复活》，还有你为了唤回妻子写的《真爱无悔》。《复活》是你希望妻子良知、家庭责任感的复活；《真爱无悔》记述了你与妻子恋爱的点滴，往来的书信和女儿出生后的趣事，为了恢复一个完整的家，为了挽救妻子，你说哪怕有一线的希望也要尽十倍的努力。

那年年底，在老家的同学帮助下，同学们将你的妻子送到兴义。同学们希望你们不计前嫌，一切重新开始，你们都点头答应。因为是年终结算，第二天晚上下班你七点半才到家，在楼下的院子里你看到家里灯火辉煌，你一下子觉得妻子真的回心转意，你满怀喜悦走上三楼，打开家门后发现所有灯都开着，妻子却不在了，你绝望地打妻子的电话，她在电话那头轻描淡写地回答："我回兴仁了。"

你猛然发现，尽管你和大家的愿望是那么的善良，但排山倒海的洪水汹涌而来谁也无法阻挡，要转变一颗堕落的心比登天还难。你下了决心选择离婚，半年后接到了法院的判决。

我翻看过这本15万字的《真爱无悔》。你在书中回忆爱情的美好，你们的情深意长，爱情结晶的天真可爱，很多情节都足以让人泪流满面。

我将你写书的故事说给朱豫莎听，豫莎听了直笑：“你们男生好虚伪，你们最想的是升官发财死老婆，现在还有这样的人啊？”我说：“这真是一本真情写出的书，有追忆，有展望，有祈祷，可以感动所有的读者，可惜就是感动不了最该感动的人。”

豫莎叫你把书拿来给她看看。你带着书，带着我一起去大佛洞咖啡厅与豫莎会面。在咖啡厅三楼阳台上，我们找了一棵香樟树下的吧桌坐了，向服务员点了三杯冰咖啡和一些茶点，豫莎拿起书径自去看，我就与你闲聊。服务员在我们身旁的工作台上为透明的玻璃杯里装上冰块，然后用正常的冲泡方法制作成双倍的黑咖啡，咖啡在倒入玻璃杯的瞬间即被冷却，服务员又在咖啡面上平铺了一层发淡奶油，点了巧克力酱划成无敌风火轮后送过来，咖啡保留着清香和酸度，口感清凉明亮，品味丰富，在兴义闷热的初夏，提神而爽朗。

豫莎看了近两个小时，期间偶尔喝了几次咖啡，又偶尔用疑异的眼神扫扫我和你。最后，一口气喝完自己咖啡，站起来生气地对你说："狗日的，你拿这种书给女人看，不知道女人会吃醋啊？"

你和我，都没想到这是豫莎的读后感，呆鸟似的坐在原地，看着豫莎把书摔在桌上，一个人离开了大佛洞咖啡厅。

05

五月下旬，冉俊给我打来电话："老向，走，兴义玩去！"

原来潘健到了贵州。冉俊和娟子三天前已经陪潘健到了西江苗寨、肇兴侗寨，正在往回赶往兴义。冉俊想到了周末，我又熟悉沿途情况，邀请我一同回兴义。

兴义是我魂牵梦绕的地方，所以我一口答应了冉俊。我请朋友用车将我送到贵阳南环高速桐木岭服务区，与兰海高速赶来的冉俊会合。

中午十二点半，娟子开着她的宝马X5到了服务区，我与车上三人一一打招呼，虽然与潘健十多年前认识却没有认真地打过交道，大家作了重点介绍。一米七五的潘健脸上帅气依旧，不过早已发福，小肚腩微挺，性格爽朗但神形稳重又世故，这倒是一个处长的标配——他已经是四川银泉公司的总经理了。

三天的同行让冉俊、潘健和娟子已混得像老朋友。贵州的雨季提前来临，车外下着瓢泼大雨，娟子将车速控制在100码左右，一些路段能见度不足30米，车开了近两个小时才到了花安高速的尽头，高速变成了省道，一看路牌竟到了龙宫景区附近，潘健说自己没有到过龙宫呢，干脆随遇而安到龙宫看一看。

我与冉俊亦是二十多年没到龙宫，一致同意潘健的主意。我们买了门票随景区电瓶车到了景点，走到景点洞口，只见龙门飞瀑水声雷动，一条白练奔腾而下，气势磅礴，溅起的白雾封闭了半个洞口，十分壮观。

身为贵州人，娟子也是第一次到龙宫。娟子照相的兴趣来了，旋转着粉红的长裙让我们拍照，一拍照我的长处就显露出来，三人中我拍得最好，娟子在震耳欲聋的瀑布声中大声喊叫：“向哥你来帮我拍，向哥你快来帮我拍！”

我们乘了升降电梯到了天池，又乘船进入龙宫溶洞内。洞里水墨画与意识流交集，传统与现代叠加，美不胜收。等我们再出龙宫，已经是下午五点。

再赶往兴义就太晚，大家决定住黄果树第二天看了黄果树瀑布后再往兴义。我们花了三十分钟赶到黄果树迎宾馆，在迎宾馆的小洋楼住下。

四人休息了一会就到迎宾馆二楼宴会厅吃晚餐。我在迎宾馆住过，知道迎宾馆的安顺特色菜做得非常精致，我点了新鲜竹荪炖鸡汤、糟辣黄花鱼、青椒山药仔、青红椒炒寡蛋、清炒豆腐锅巴、糍粑辣子鸡、炝炒马齿苋、凉拌洋合、蒜泥黄瓜，大家碰杯喝酒竟然轻轻松松地喝了两瓶。

至于点的菜品，除了娟子不吃生蒜，蒜泥黄瓜剩了一些，基本都是一扫而光。

酒足饭饱后我们从二楼走到一楼大厅，这时下了一整天的雨已经停下，潘健对大家说："我们到外面走走吧。"

冉俊像一个大哥哥——或者真是有些疲倦，说："我不走了，我要回房间休息。"然后对潘健说："你和娟子走走吧，外面的风景很好！"

迎宾馆对面就是黄果树国家湿地公园，过了公路是公园大门，我本来也想去逛逛，但听冉俊这样一说也不好意思去了，于是顺势说："我也疲倦了，潘健和娟子去吧。"

我和冉俊的话像将了潘健一军，潘健有些尴尬，只好对娟子说："那我们去走走？"

娟子倒很大方，解了潘健的围："好啊，我们去走走！"

潘健、娟子离开了宾馆大厅，我与冉俊朝宾馆左侧的小洋楼走去。冉俊感慨地对我说："老向，二十年前我和娟子在兴义把潘健晾在一边，现在也该我当电灯泡了。”

我为自己没能与潘健、娟子一起去逛而有些后悔，就应付地回答冉俊：“嗯，也是。”

黄果树国家公园霓虹高照，大门前的广场被霓虹勾勒出五彩的曲线。走进大门，粉红的地灯与天蓝的彩灯相互辉映，空中雾气很重，云彩很低，分不清哪儿是云哪儿是雾，远处蓝色的激光灯耀眼地射进云雾里，使人间的仙境与天上的仙境紧紧相连。娟子、潘健走在新修的红木栈道上，被这意外的景色所震撼：“哇，太美了。”

他们看着路牌，朝着音乐喷泉方向走去。越往里走，景色越精致。红木栈道有上有下，像仙境中的天梯；栈道右侧已经看得见黄果树瀑布上游的打邦河被灯光和雾霭照耀得烟雾缭绕，如梦似幻。栈道侧边有一些或大或小的观景平台，平台被湿湿的芭蕉叶、三角梅、新竹映衬得美轮美奂。

娟子与潘健走到一个宽大的平台上，这里可以隐隐看见打邦河上游的蓄水大坝，也可以看到宽广的河床。打邦河水如银泉、如轻纱、如彩练萦绕在大地。

娟子忽然来了兴趣，对潘健说："潘哥，我们跳一曲舞，好吗？"

这句话对潘健简直是个意外喜悦，他赶忙说："好啊！"

"我找一下舞曲，"潘健说，"昨天我正好在酷狗音乐下载了王威的一首歌《她》，非常好听，我们用它伴舞。"

潘健说着，在手机里翻到了酷狗音乐，将《她》设置为单曲循环播放，在一段优美的吉他前奏后，王威低沉的歌声唱了出来，潘健拥了娟子漫步起舞：

有一天我会找到她
她和我想像中的一模一样
她只为我存在
告诉我所有的方向

有一天我会找到她
从此一切都变了模样
她抚平我的忧伤
让我永远不再紧张

到了这里音乐声忽然升高，变成了男女合唱，女声的助唱使氛围更加富有立体感、感召力：

她是我的归属
她是我的肩膀
她是我的信仰
她是我生命的阳光
……

06

豫莎是兴义市医院消化内科副主任医师，在工作上得心应手，又在沙井街路口开了一家“迪奥”品牌女士服装店。工作和生活上的历练，使得她比同龄女性多了几分真诚、干练、自信与时尚。她有过短暂的婚姻，在大家都不知道原因的情况下，突然离了婚并称终身不再结婚。

我对豫莎这样的女性充满好感，她们美丽、能干、豁达、大气，洋溢着满满的正能量。我经常拿自己打趣，如果有机会找女朋友，就找豫莎一样的女性，可惜豫莎注定不是我的菜，在豫莎看了你的书以后，豫莎对你的关心、关爱明显显露出来。

我们这一群人，我、你、豫莎、官文、向红、汪晓琳、勋哥、茂名、色伯、大兴……在豫莎的牵头下仿佛建了一个朋友圈，我们周末聚会，喝酒、打牌、歌厅K歌。每一个人的生日，大家都要整整齐齐地到来为他祝贺。我们在万峰林郊游，在毛栗寨烧烤，在情人谷游泳，在马岭河漂流，在三岔河露营……我们还更远地跑到云湖山看雾海，七舍欣赏满山遍野的杜鹃，泥凼看何应钦故居；到罗平游荡万亩花海，到石林追寻阿诗玛足迹，上弥勒感受温泉风情，到多依河打水仗，去彩色沙林寻找七擒孟获的故事……美丽的云贵高原，到处留下我们的踪迹。

在群体之中，你的个人魅力很快展现出来，组织是你，开车是你，餐饮靠你，行程靠你，玩得最开心的也是你，汪晓琳直接崇拜你："老何，你太热爱生活了。"你不仅热爱生活，还热爱大自然，珍惜友谊。

我们的孩子都喜欢跟你一起外出游玩。那一次你和豫莎开车带孩子们在万峰林的油菜花丛中行驶，你忽然发现，花海之中白色的昌河车就像一叶小舟在黄色的海洋中荡漾，你把这一发现告诉豫莎，豫莎又告诉孩子们，大伙都有这样的感受：太浪漫了！在豫莎的鼓动下大家唱起了《让我们荡起双桨》："让我们荡起双桨，小船儿推开波浪……"

车开到中纳灰村中你将车停下，孩子们欢快地奔向花丛中。你又将孩子们招集起来，要表演绝技"空手捉蜜蜂"。你走到一株油菜花前，找到一只正在花朵上采蜜的蜜蜂，你慢慢地伸出左手，将手掌托在花朵之下；又伸出右手，向蜜蜂靠近，在蜜蜂扇动翅膀移行时，你以迅雷不及掩耳之势，用大拇指和二拇指的指甲尖抓住了蜜蜂的双翅，蜜蜂在你的手指甲之间背朝下、面朝上嗡嗡震动，尾部的刺向四周乱扎。

你问孩子们："想看蜜蜂是怎样锥人的吗？"

孩子们当然想看，纷纷回答要看。你把你的衣角伸进口中，沾了一些口水，把蜜蜂的尾部对着沾了口水的衣角，蜜蜂的针刺忽地一下扎向衣角，蜜蜂挣扎了两下，尾刺就与身体断开了。而扎向衣角的蜂刺并没有死，它左右摇动，使劲地往布的里面钻……过了两分钟刺和蜜蜂的尾部钻进了布的里面。

"哇，太恐怖了。"孩子们第一次见到"死蜂活翘"都惊讶地叫起来。

"你们看，还可以吃蜂蜜。"你将大家的注意力又转移到手里的蜜蜂上。没有刺的蜜蜂被你玩弄得更顺畅，你在蜜蜂的胸部轻轻一压，蜜蜂嘴里就吐出芝麻粒大小的液体。你指着液体告诉大家这是蜂蜜，说着用手指粘了蜂蜜伸舌舔了。"真甜。"你说。

孩子们认真地观察你的表演，好奇地争先恐后："我尝一点，我尝一点……”

到了这年夏天，兴义下了很长时间的雨，饮用水水源地锅底河坝底出现管涌。兴义市抗洪救灾指挥部、锅底河水管所和群众不分日夜在大坝上抢险。你为了营销人身意外伤害险，买了三箱贵州醇叫上豫莎往大坝上送去。那时已经是晚上九点，锅底河水管所抗洪抢险的人们已经在两个巨大的帆布帐篷里休息，水管所彭所长等人正在帐篷的角落就着两盘油炸花生划拳喝酒，见到你和豫莎带着慰问品到来，彭所长高兴极了，拉你与大家一起喝酒，你也不推辞，为了表达你对这些奋不顾身抢险救灾的英雄的敬意，你一个人划六拳，来者不拒，多多益善。

到了夜晚十二点过，彭所长见你没有醉意反而越战越勇，将你止住："明天大家都还要工作呢，不能喝了。"彭所长想留你和豫莎在帐篷里休息，其实在帐篷里休息也只有一人一张椅子，只能靠在椅子上打打盹，你和豫莎离开大坝走向公路上的昌河车，你上了车将车发动，又将车窗摇下，你突然酒劲上头，把头伸出窗外"哗"的一下激烈地呕吐起来，豫莎赶紧为你捶背，又为你递纸，你吐得眼泪直流，边吐边说："豫莎我醉了。"

豫莎并不怪罪你，心痛地说："狗日的，我知道你肯定醉了，你和他们喝了那么多的酒。"

你将肚里的酒吐了干净，又喝了大半瓶矿泉水，矿泉水在你肚里也待不住又被吐了出来。你喝水吐水，吐得寸断肝肠。豫莎说："老何，我们休息一下，等你酒醒后我们再走吧。"

你说："不行，如果睡下去可能明天中午才醒得过来。"

你就这样在酒醉中将车开动前行，你的意识清醒，而神志却只让你的视线仅仅能看到挡风玻璃外七八米的地方，豫莎的眼睛就成了你的另一双眼，你倒是很听豫莎的话，豫莎叫你慢你就慢，豫莎让你靠右你就靠右，豫莎让你左行你就左行。你们走过峡谷，爬上山顶，然后又下坡开进省道，两个小时走了平时四十分钟可以走完的路程，将车开回兴义，停在家门口前面的马路上。

07

一股雾气漂到平台，让舞动的娟子和潘健像踏在白云之上，又像飘到天宫中的天使在翩翩起舞。

有一天我会找到她
我会忏悔我所有的错
她的双眼让我看清自己
是我永远停泊的海港
她愿意为我带来几个孩子
愿意为我打造一个家
当我幸福的手舞足蹈
有她温柔的微笑在我的身旁
她是我的归属
她是我的肩膀
她是我的信仰
她是我生命中的阳光

王威的歌声有些快，但娟子与潘健稳稳地、和谐地踩着慢四的点子。潘健有些动了情意，在娟子的耳边低声说道：“娟子，我可以吻你一下吗？”

娟子好像知道这一切会来，只轻声地回答：“潘哥，不行，你的嘴里有大蒜味。”

潘健果然不敢造次，只好把精力又集中在跳舞上。

有一天我会找到她
她和我想象中的一模一样
她只为我存在
告诉我所有的方向……

歌曲循环播放了几次谁也记不清了，只知道在娟子与潘健舞意正浓的时候天又下起雨来，雨虽小，但两人只好停了跳舞往回走。是对自己提出吻娟子的歉意，还是真心担心娟子在路上摔跤，潘健伸出右手拉住娟子的左手，娟子没有拒绝，两人十指相扣往回走。

两人的手指扣得紧紧的，脚步比来时快，有一些潘健拉着娟子往前走的感觉。娟子拒绝潘健的吻却又让潘健十指合心拉着往前走是何原因，也只有娟子自己清楚。是不是这正是娟子的性格：像富察皇后与魏璎珞的合体，懂得分寸，调皮可爱，却也足够敢爱敢恨；正直坚强，机智灵敏，却也待人真诚，信守心内？两人回到迎宾馆，就要分手，还是娟子开了口，娟子真诚地对潘健说："谢谢你潘哥，我们牵手回来，你一句话也不说比你说一万句都还好！"

第二天上午九点，大家起床吃了早餐就到黄果树瀑布。虽然才是五月，黄果树瀑布前已是人头攒动，游客爆满。我们四人从瀑布前爬上山腰，顺着浓浓的水雾穿过"水帘洞"，又从山上走到山脚，围绕瀑布转了一圈。走出瀑布景区又乘旅游车到天星桥，这里石笋密集，植被茂盛，集山、水、林、洞为一体。天星桥一走又是两小时，我们吃完午饭已经是下午三点。

吃饭期间大家边吃饭边查兴义的天气，兴义明天开始都是大晴天。又百度路况，晴隆到兴义的晴兴高速k13+270～k13+330段填方路基发生沉降，多处裂缝，构成重大安全隐患，正在进行封闭施工，到兴义只能走关岭到兴仁的关兴二级公路绕行。大家又把行程改为在贞丰三岔河住一宿，看了双乳峰再往兴义。

旅行的目标与生活的目标有着极大的差异，旅行的目标是一种心底的愿望，为实现这一目标速度可快可慢，实现这一目标的过程中内心是愉悦的、宁静的。有旅伴是彼此包容的、欣赏的；独行也是欢喜的、孤单但不寂寞。我们的兴义之行四人都有一种旅行中的认同感，在达到目标上心照不宣。

开车换成了潘健。从黄果树上高速，刚过了坝陵河大桥，就下了关岭收费站。关兴路是贵州最险峻的公路之一，车速全路段限行60公里每小时。

春夏之交，新绿与深绿交相辉映，关兴路两侧生机盎然，展现了季节的勃勃生气。这里是贵州喀斯特地貌最发达的地区之一，雄、奇、险、俊、美，是贵州“公园省”的典型地带，我们忽然想到在关兴路路口修一个大门就可以作“贵州喀斯特地质公园”的入口，开了张就能够引人百万，坐收渔利。

娟子突发奇想，她坐在副驾驶位置，找出一张蓝色丝巾，把丝巾的一角捆在反光镜上，然后将丝巾的宽边拉直把车窗玻璃推上，丝巾宽边就伸展卡在玻璃外，整块丝巾猎猎地在车外飘扬起来。红色车身与蓝色丝巾搭配，在绿色的崇山峻岭中分外耀眼。

冉俊打趣道："过去我认为女人披了丝巾照相是个怪，现在看来车子披了丝巾也可以变妖娆。"

我也打趣："如果再加上音乐，我们就是美景、美女、香车和妖娆的丝巾了。"

冉俊说："老向，把你的《云贵高原》放起。"

我打开手机，将手机蓝牙与车载蓝牙连接起来：

> 我背着背包走在遥远路上，
> 这里的景色真漂亮，
> 美丽的黄果树、西江的灯火，
> 多么令人神往……

歌曲的旋律是葫芦丝演奏，歌词恰好唱的是大家刚走过的地方，它的原作者就坐在自己的身旁，这是怎样的安逸。听了一遍，娟子竟然也学会了哼唱副歌部分：

> 啰……呀依啰……呀依哟……
>
> 依呀哟……哟……
>
> 依呀哟……
>
> 这就是我向往的地方……

这样的旅行，多么惬意。

08

第二天中午，你接到豫莎打来的电话，从睡梦中醒来，豫莎说：“还没睡醒啊，懒猪，昨天太危险了，以后喝酒不能开车了。”

你从床上爬起来，走到窗前往下看，你的车白白的，停在公路正中间，你吓出一身冷汗。从此，你真的做到了喝酒不开车，开车不喝酒。

豫莎也决定学习驾车：既可以帮你，也准备买一辆车。那以后，我们朋友圈的聚会没有减少，但是你与豫莎在一起的机会更多了，你成了豫莎学车的驾驶师傅。

你和豫莎把车开到威舍、乌沙、清水河、捧乍……甚至云南、广西，当然你们去得最多的还是万峰林的坝子：上纳灰、中纳灰、下纳灰。

上纳灰因为胡锦涛总书记的到来闻名遐迩。总书记在“万峰第一家”过大年、打糍粑使岑志兴的农家乐生意异常火爆。你和豫莎经常带我们到这里吃饭，一来二往，你和岑志兴成了朋友，成了唯一可以在“万峰第一家”可以自己做菜的客人。

中纳灰有三棵十几人才能围上的千年古榕。我的侄子褚代洋的远房亲戚在东边古榕树下开了“小丽农家乐”，菜饭便宜可口，我带豫莎和你到过一次以后，你们便经常练车到这里吃饭。有一天晚上你和豫莎正在树下吃饭突然停了电，小丽送来蜡烛在桌上点亮，你说天上有月光，头上有灯亮，桌上有烛光，你真有福气。豫莎说：“还有一个光。”

“什么光？”你问道。

“你好好想想。”豫莎调皮地故意逗你。

你认真地搜寻四周，又翻肠倒肚的想，就是找不到、想不起还有什么光。

豫莎笑起来：“你这个笨蛋，还有我的目光。”

下纳灰离市区最远，没有光污染，晴朗的夜晚可以看见满天的星宿。这里是纳灰河下沉到暗河的消水洞，田野平坦舒展，立夏之后可以看到萤火虫荧光闪闪。你到将台营隧洞前面的花鸟市场淘了一个铸铁的、小小的玻璃灯盏，又到向阳路买了一只昆虫网，与豫莎在下纳灰的田野间捉了萤火虫将灯盏装得满满的，豫莎在黑夜的田坎上提着灯盏就像提一颗明亮的星星。

时光如梭。秋分过后万峰林稻田里一片金黄，纳灰河里蟹肥鲜香。周末你和豫莎带着已经十岁的女儿到纳灰河捉螃蟹。车开到上纳灰的纳灰河下游，这里有一个小水坝，坝上是百步桥，桥对面是上世纪生产队的水碾房，河水明晃晃地从坝上流下，形成一个梯形的瀑布，瀑布前面的河滩平缓，鹅卵石与石缝遍布，正是螃蟹生长的好地方。

你们将车在路边停妥，三人来到河边。秋天的太阳照在稻香遍野的万峰林温暖又祥和。豫莎戴了一个桃红色的宽边太阳帽，身穿吊带白色真丝超短裙，披着粉红短袖棉麻披肩，把自己典雅、修长、曲线凸凹有致的身材充分显露出来，你的女儿也不由自主地称赞："朱阿姨你今天好漂亮。"

豫莎疼爱地拍拍女儿的脸蛋，自信地说："乖，朱阿姨哪天不漂亮？"

你聪明的女儿夸起人也知道递进，又赞美豫莎："朱阿姨不仅漂亮，而且还有气质。"

纳灰河水清澈见底，你不到两小时就捉了二十多只二到三两重的螃蟹，豫莎和女儿学着你的方法也偶有收获。丰收的喜悦让你们捉蟹的兴趣更加浓郁，豫莎见到丰收在望，走到你身旁，指着你面前的水中石缝，说：“老何，老何，你看那里有一只大螃蟹。”

你踩着水朝着豫莎指的方向走去，豫莎捡起一块碗大的鹅卵石冷不防地砸向水中，只听“砰”的一声水花四溅，你背上的衬衣、脚上的西装短裤湿了一片。

你才明白是豫莎在捉弄你。你笑起来：“朱豫莎，要打水仗啊？”

豫莎砸了水就向前方跑，你追上豫莎，在豫莎回头的时刻一捧水朝豫莎泼去，豫莎胸前湿了一片。

豫莎又在河水里往前跑，还回头捡了石块砸向你身旁的水面。你跑到豫莎前面，抓住机会扬起水向豫莎脸上泼水。豫莎有些招架不住，举起双手护在眼前，豫莎一举手胸前就展露了出来，只见她胸前湿了的衣裙变成了透明的，透明的布料粘在豫莎胸前，挺拔的双乳、红红的乳头都现出来。

“你——”你感觉到豫莎并不知道自己的尴尬，想告诉豫莎却不知道该怎么说。豫莎放下手，看到你定格似的呆在那里捡起脚边一块石头又砸向你，迅速跑向前面的河道。

你又湿了一片衣襟，你走向河岸，向跑远的豫莎喊道：朱豫莎，朱豫莎！然后指指豫莎，又指指自己的胸前，豫莎大概看懂和听懂了你的意思，朝自己的胸前看去，自己湿透的裙子变成了玻璃布，里面的肉肉都白白地透了出来，自己没戴乳罩，一双丰满的、性感的双乳看得清清楚楚。

太阳热烈地照耀广袤的大地，河边丛林中知了“知、知、知”鸣叫不停，有人从河滩上游朝你们的方向走来。豫莎叫你把你的衬衣脱了给她穿，你脱了衬衣，估算着抛不到豫莎身边，只好提了衬衣向豫莎走去，豫莎也不敢扭动，像一尊雕塑一样等待你的到来。

三天后，螃蟹在清水中将腹中的泥土吐了干净，你将螃蟹洗净蒸熟，用五瓶十年花雕，配了顶坛花椒、慈溪香叶、新会陈皮、贞丰白砂糖、自贡井盐做成醉蟹，挑了八只均衡的母蟹装成一罐，用红皮纸封了罐口开车给豫莎送去，车到后豫莎跑来接蟹，嘴上不说谢谢你，反骂道：“狗日的，前天大饱眼福了吧？”

你嘻嘻大笑，嬉皮笑脸地回击豫莎：“大饱眼福了，看了一场真人版的美女晒羞！”

09

一个半小时后到了贞丰三岔河国际露营基地，我们一人一车住在基地的房车，将最好的、美国进口行房车留给娟子。住好以后，大家到三岔河湖畔转了一圈，雾霭之中三岔河湖水波光粼粼，枫树林中鸟语花香。夜色升起回到露营基地，我的老同学、双乳峰旅游开发公司总经理郭伟如约给我们准备了贞丰凉剪粉、五色糕粑片，让我们吃了一顿轻松愉快的晚餐。

我们四人吃爽了，从县城赶过来的郭伟却不高兴了：“到贞丰来怎么可以不吃饭？不吃饭也行，怎么可以不喝酒？”郭伟说着也不管我们同不同意，就让手下准备卤菜、花生米和便当酒要与我们大干一场。

娟子、冉俊和潘健幸灾乐祸地看着我，看我如何拒绝郭伟的一片盛情。因为来时说好，不喝酒也罢，要喝就喝贵州土酒。我在情急中看到餐厅外公路上有人群向基地赶来，问郭伟这么多人到三岔河来干吗，郭伟回答是彩排。

原来黔西南、黔西南金州演艺集团、贞丰双乳峰旅游开发总公司准备与张艺谋有联系的、以经营《印象刘三姐》出名的广西广维文华公司联合打造《印象双乳峰》，为做好保密工作，洽谈一直在“地下”进行。黔西南方面为提高自己的股份，编排了一个《印象双乳峰》的脚本并做了初排，被率先到达贞丰考察的导演樊川“砍”了，只留下今晚彩排的《双乳峰·颂词》一节，下周老谋子将到贞丰实地考察，所以今天做最后的彩排。

一听这样一个彩排是“地下的”“保密的”，更激起了娟子等人不喝酒要看演出的兴趣，郭伟见状酒会只好作罢。演出地点离餐厅三百米，我们到达时已经没有其他人入场，大门外警察执勤、保安守护。进门时果然保密工作一丝不苟，郭伟老总首先交了手机，我们一人发了一个牛皮信封写了自己名字，将手机装入信封存在门卫室，进到大门还搜了身，一个巨型铜鼓后面是帐篷露营广场，再往湖岸方向走两百米就是可以容纳三千人的演出剧场。

舞台搭建在湖水中。郭伟介绍前期已投资近亿元，声、光、电俱全。舞台后方是一个收放自如的3D巨型投影屏，屏上播放着双乳峰的远近场景。《印象双乳峰》走的也是原生态实景演出套路，近五百名群众演员聚在舞台左侧静静等候出场。

观众席上只有三四十人，主要是编导、策划等人员。颂词的朗诵者——如果只有标准普通话的朗诵才叫朗诵，那么她布依口音的汉语朗诵只能称吟诵——吟诵者、布依姑娘韦云秀也在人群中。娟子认识韦云秀，韦云秀曾经参加过贵州电视台“多彩贵州”旅游形象大使大赛获得一等奖，她生在望谟县城，望谟县城布依族占全县城人口的70%，汉语的四声在韦云秀说出来自然有布依口语的七个声调“l、z、c、x、s、h、t”。不同的音高使汉语在阿秀的口语中除了有布依语音的特色，还更加清亮、舒长和温柔，有如粤语存有唐朝汉语的风韵，扬州话存有宋朝汉语的迷离。

大名鼎鼎的樊川也在现场工作。现场助理们用对讲机调度着每一个细节，最后一次的彩排就要开始。韦云秀回到舞台右侧一排话筒前面。最后的调度结束，现场导演举着小喇叭：“五、四、三、二、一，开始。”精彩的演出便完美呈现。

现场四周的灯光突然关闭。舞台后方的投影屏缓缓上升。投屏上太阳徐徐升起，双乳峰慢慢地由远及近。旋转舞台运来鼓群和鼓手，鼓群中央是一面大鼓。鼓手的肢体动作由远古走向现代，击鼓的节奏舒展而悠长：咚……咚……咚……

韦云秀的声音从音响里传来。过电后阿秀的声音更加甜美、干净、舒长而迷人，有如天籁之音。开始的吟诵速度极慢，观众席前LED显示屏上跟随着字幕：

你是儿小时候娘的咪咪么？

儿（们），

离开你好久（闹）；

你是新嫁娘解开（闹）红肚兜么？

黑天（们），

也灿灿发光。

鼓群里有小鼓在手指的拨击下嗞嗞地回音，舞台上的灯光慢慢变明：

太阳么，
天天早早地起来，
火辣辣地盯着看你；
月亮么，
时时地等不到天黑，
在你弯弯的乳沟里睡着；
星星么，
急慌慌从蓝天里挤（闹）出来，
用透明的丝巾把你罩着。

舞台后面的湖面突然蓝光通明，远处湖岸激光柱射向观众席，像魔幻的蓝色天空。丰满的双乳峰占据了整个投屏。小鼓合着大鼓，节奏地敲击鼓心鼓边。韦云秀的吟诵，依然缓慢：

男人么，

瞧见你心痒痒巴不得的快乐，

胸口前撑起火把；

女人么，

望见你挺直肩膀向往神鱼，

要赶走干涸的小河；

老人么，

想起年轻时候好生生的日子；

娃娃么，

期盼长大花轿把梦想抬进堂屋。

迎亲的唢呐在鼓群里响起，由弱变强。旋转舞台载着鼓群下，春、夏、秋、冬四大板块田园劳作跃上舞台。湖面喷出比舞台高的水雾，随着阿秀的吟诵变幻各式投影。阿秀的吟诵由慢转为正常语速：

正月间，

霹雳雳的炮仗声中飞梭着你快乐的欢叫；

二月间，

盛彤彤的油菜为你扎上鲜艳艳的腰带；

三月间，

轰隆隆的响雷给你揣来甜咪咪的清泉；

四月间，

黄灿灿的麦浪里飘荡出你迷人的芳香；

五月间，

安静静的水牛在你的肚脐眼里打田；

六月间，

劲生生的汉子为你挥舞雄壮的铜鼓；

七月间，

善巴巴的老人把你和祖宗一起供奉；

八月间，

桂花树为你吐露糯米酒的芬芳；

九月间，

搭斗里飞扬起你饱满的容颜；

十月间，

你扯断脐带生下满坡坡丰收的屯箩。

阿秀把这段充满地域性、民族性、故事性的颂词又吟诵了一遍。

灯光、投影、演员演绎着颂词中的故事。阿秀把声音提高，和着鼓声的节奏又吟诵道：

你么——
是太阳的情人，
是月亮的后娘，
是星宿的干妈。
你么——
是男人的夜，
女人的梭，
是老人回忆时皱纹底下亮晶晶的目光，
是娃娃向前急匆匆的脚步。
你一动情么——
太阳（们）累你累出汗，
月亮（们）忙你忙起霜，
星星（们）羞兮兮全部溜走。
男人（们）把火把烧得通红，
女人（们）让河水流淌，
男人火里生出水，

女人水里生出火。

吟诵短暂停顿，阿秀深吸了一口气，全部放开了嗓子，声音变得热切、开放、渴求，速度也越来越快：

你是山的魂魄地的灵魂，
是太阳的情人，
月亮的后娘，
星宿的干妈，
是男人的夜，
女人的梭。
太阳累你累出汗，
月亮忙你忙起霜，
星星羞兮兮全部溜走，
男人把火把烧得通红，
女人让河水流淌，
男人火里生出水，
女人水里生出火，
男人火里生出水女人水里生出火，

男人火里生出水女人水里生出火……

厚重而急促的鼓点达到高潮，阿秀把最后一口气用完，声音戛然而止。全场的灯光再次熄灭。音响里传来阿秀恢复呼吸的喘息声，既痛苦又舒服。舞台变得平展，成了一个银幕。追光灯下，一只青蛙从湖水中跃上舞台，在荷叶上跳跃鸣叫。又一只青蛙从湖水中跃上舞台，两只青蛙在荷塘中嬉戏追逐。一群青蛙在嬉戏追逐。蛙声如潮。舞台前沿突然裂决成瀑布。蛙群幻化成千百万只蝌蚪随瀑布一起跌落到湖中。

时光倒流，生命得以延伸。投屏再一次升起，双乳峰重现。韦云秀的颂词再度响起：

太阳么，
天天早早地起来，
火辣辣地盯着看你；
月亮么，
时时地等不倒天黑，
在你弯弯的乳沟里睡着；

星星么，
急慌慌从蓝天里挤丢出来，
用透明的丝巾把你罩着。

你是儿小时候娘的咪咪么，
儿（们），
离开你好久（闹）；
你是新嫁娘解开（闹）红肚兜么，
黑天（们），
也灿灿发光……

这场彩排后不久，由于广维文华公司的实际控制人丁磊出逃国外，其主导将公司反复抵押、担保获取的15.8亿元巨额资金不知去向，广维文华向广西高院申请破产，黔西南与广维文华的合作无疾而终。娟子、冉俊、潘健和我等人，成了观看过《印象双乳峰》片段的少数人员之一。韦云秀在微信里看到我写《人面桃花·兴义》，希望我把这一段记录下来，此刻终于如愿以偿。我还在我的微信群里惊喜地找到了《双乳峰·颂词》的原作者。今天我以微信的方式将我的所见刊发出来，也算是对韦云秀、原作者等为《印象双乳峰》付出过艰辛努力的所有人的崇高敬礼。

10

豫莎的车技越来越熟练，不仅能在郊外开，而且还可以开到市区。你对豫莎说：“你就一个人开一次试试吧，你一个人开也没有问题。”豫莎说：“老何，我不敢，只有你在，我心里才有底。”——这倒是事实，很多学车的驾驶员，刚开始都要有老师陪在身边心里才有信心。

国庆过后，市医院工会安排国庆登山活动的组织者到丰都陈老五鱼头王吃饭，豫莎打来电话要你送她，不巧你要参加公司的三季度工作总结会，你告诉豫莎：“你自己开车去吧，我要开会呢。”

豫莎说：“我自己开，行吗？”

“肯定行，”你鼓励豫莎，“如果不行，我来接你。”

豫莎有了你的鼓励将车开到了丰都。她把车停下兴奋地打电话告诉你："老何，我开到了丰都，我开到了丰都！"豫莎也为自己的成功感到欣喜。

晚上九点半你散了会，没有豫莎的消息。你又等到十点半还是没有她的消息，你禁不住打了豫莎的电话，电话那头豫莎的声音已经有了醉意："老何，我醉了，你赶紧来接我！"

兴义有这样的说法：兴义女人不喝酒，兴义女人如果喝酒可以喝一斤。豫莎都说自己醉了，肯定喝了不少酒。

你赶紧打的到陈老五鱼头王。豫莎接了你的电话就下了酒楼，她真是醉了，上了车就骂人："狗日的些还在喝，我先跑了。狗日的季局长就是个色狼，老是敬我的酒，还要和我喝交杯酒，故意用身体碰人。他说星期五他请客，你说我去不去？"

你故作淡然地说："你想去就去啊。"

豫莎明晃晃的眼睛盯着看你有些幽怨："我去了，你不吃醋啊？"

豫莎酒已上头，身体没有了气力，说着就倒在了你的怀里。豫莎在你怀里还不忘骂人并提醒你：“狗日的，我醉了，你不能占我的便宜。”

望着怀里的豫莎你既心痛又想笑，车子稳稳地朝家的方向开去。

我们这一群人早就清楚，你和豫莎已经把彼此装进心里，我们衷心地祝愿你俩能够走到一起。但是，就像你俩一样，我们谁也不好把窗户纸捅破。

春节就要到了，不少伙伴要回老家过年，豫莎建议大家年前再聚一次。群里的朋友们带着家属和子女到毛栗寨水库又搞了一次烧烤。烧烤结束，人员被分批送回家里，大家有意只留下你和豫莎，你和豫莎将剩余的材料收拾好，把环境也收拾干净就说：“走，我们湖边逛逛去。”

湖边是一条水泥路，你俩顺着水泥路往前走。该是腊月十三四了，天高云爽，月圆风清，月光照得路旁的楠竹影影绰绰。你身穿黑色呢大衣，豫莎呢裙外穿着深蓝的长风衣，两人竟是五年前到阳光盆景园散步时的穿着。那天晚上，你和豫莎走过百步桥，一阵寒风吹来，豫莎不禁颤抖起来，连连说好冷，你什么也不说，就将自己的大衣脱了下来给豫莎披上。

豫莎笑着对你说：“你猜，当时我是怎么想的？”

你想了想，如实说：“猜不着。”

豫莎又笑起来：“当时我想，如果你把大衣给我披好，然后顺势拥抱我，强吻我，我就啪的一耳光给你打去。”

你也笑起来：“幸好我当时只想给你加衣服，其他什么也没想。”

你们又走了一程，突然你嬉皮笑脸地问豫莎：“如果我现在拥抱你，吻你，你会怎么办？”

豫莎停下来，回身奇怪地看着你：“你敢——”

你突然伸出手，一把将豫莎拥入怀中，豫莎像是被这猝不及防的拥抱击中，伸着脖子闭上双眼任你拥抱；你又把你已经滚烫的双唇压在豫莎的双唇上，热切地亲吻豫莎，豫莎也不拒绝就应了你的亲吻，你感到豫莎在游动、在解架、在复活，就像冰川被融化，一块一块地被撕裂，整座山都要塌了，豫莎也将你抱得紧紧的，像哭一样颤抖着哀求你："老何，我要你……"

接下来要写吗？

是的，我在问你。你说，接下来的文字要写吗？

我在微信上码字，这个问题当然要慎重。不写吧，你说不够爆猛料；写吧，怕你说我不稳重。贾平凹写以下省略463字是为了出版，高哥哥写小船浸满了水写得连标点符号也不要是为了自己舒服。我码字的目的是为了什么？应该是为了你舒服或者说你我都舒服吧？

你和豫莎的结合，像月光如水一样的自然，像皎洁的月儿一样的纯洁，像林涧一样潺潺发声。我写了，像美玉戴在不适合的指头暗淡失色；我不写，又辜负你期盼良久的愿望。我就抄一首小诗摆放在你面前，你慢慢地看吧，你懂或不懂，关键在于阅读习惯的养成。

你碎骨里的春天很美
像一只绿螳螂
即使病入膏肓了
也会匍匐在草地上

潮湿的深处
是爱情存在的地方

仿佛一朵娇艳的花
你必须经常滋润花的顶部
而不是底部

你会梦见自己被海葵鱼吃了
把土豆泥　和火腿夹在面包之间
一口塞在嘴里　或内裤里

你的春梦肥美

红薯香甜　馅饼最好吃

11

娟子、冉俊、潘健和我到达兴义是下午两点过。

兴义阳光明媚，挂在蓝天下的白云仿佛触手可及。我们把车直接开到了万峰林景区停车场，买了门票乘上电车进入观景山道。将军峰、海狮山、睡美人、月亮寨、八卦田、大顺峰、七仙女下凡、孔雀开屏、落水天坑、仙桃山、步步登高峰……自然景观与人文景观连贯一气。因为工作关系我曾经有过每周到万峰林两三次，万峰林的景色百看不厌，每一次都会有新发现、新惊喜，这也是生活在公园省享有的独特的恩赐。

我们决定就住在万峰林景区。万峰林除了传统简朴的民宿，还有许多眼光独具的投资人在景区修建了不少高品质的客栈，上纳灰到中纳的公路边，大顺峰脚下景棠客栈、悦栖里客栈、峰兮客栈、悦景湾客栈、峰叁客栈、一朝一夕客栈、花语堂客栈、有山阁客栈……星罗棋布的客栈一家比一家精致。我们电话订了花语堂客栈，花语堂客栈客房已经爆满。又找了一朝一夕，还是客满。走到峰兮客栈，刚好有客人退房，大家到客房查看，时尚的房屋设计与房外的田园风光融为一体，相得益彰，让人内心顿时安宁，房价虽然不菲但让人好像找到心底的归属，简单的砍价后我们就住了下来。

有山阁客栈对面，刚好是你和豫莎当年捉螃蟹、打水仗的纳灰河段。百步桥依旧，水磨坊仍在，只是在水磨坊下方多了一座装饰的木质水车。水车呆立不动，又无引水功能，新建如此，纯属画蛇添足，不如不建。百步桥上游，一汪春水碧蓝如洗，几乎与当年冉俊与娟子打水漂的阳光盆景园一样。娟子见到纳灰河自然特别亲近，连忙呼喊大家到河边走走。

河水已经涨起来，娟子往返于百步桥上，任我拍照，后来索性将鞋脱掉赤脚在桥石上来回走动，希望我们能够拍出经典的照片。我忽然想起当年冉俊与娟子在阳光盆景园打水漂的情景，又想到潘健此刻也在现场，好像时光倒流了一般，不敢让冉俊与娟子“

昨日重现”，又感叹“人是物非”。再看到河坝下游，又仿佛见到你和豫莎捉蟹打水，真是人生的美好时光如擦亮的火花总是一闪而过，喜悦之余又生出淡淡的忧伤。

杨哥已经是兴义最大的民企富康集团总裁，他知道老朋来到兴义自然高兴得不得了，早已在“万峰第一家”订好一桌晚饭。杨哥在那边催急了，而娟子在这边不慌不忙，把自己关进房间，认真地化妆、换装。娟子心里明白，晚餐不仅要见杨哥，而且我们四人明天就要分别了。明天是星期天，下午四点潘健、冉俊就要离开兴义飞回成都与贵阳，两人星期一必须上班。周一只有我和娟子要继续留在兴义：娟子到黔西南电视台联系合办“宝贝回家”大型公益节目，我也顺便在兴义调研新的合作房开项目。

到了晚上七点，杨哥见四人还没出发，开车从“万峰第一家”跑了过来接人，娟子才从自己的房间出门。她穿了一件黑色短裙，披了一件白色长袖短腰外衣，洒了一些兰蔻香水，比平时又添了几分风韵与魅力，大家上了车，转眼就到了“万峰第一家”。

吃饭就在主人岑志兴家的堂屋。堂屋的正上方挂着主人与胡锦涛院中座谈的照片，照片右侧，贴着大大的正装头像。我们四人加上杨哥及杨哥请来陪客的三人，刚好八人坐满一张八仙桌。

打好糍粑，大伙上桌，土酒加布依特色菜。没有划拳也没有发牌，就用一杯要装二两酒的瓷杯相互举杯、碰杯喝酒。杨哥与潘健一别近二十年，相聚自然喜形于色，把自己与陈老板，他们间的往事都搜了出来，越聊兴致越高。你发现“醉美贵州”当然醉人的不仅仅是景色，真正醉人的肯定还是酒。

酒过三巡，大家的酒兴全都打开。杨哥的好朋友孙三毛，大家都叫他三毛，三毛要单独与娟子碰一杯，娟子说：“这么大一杯，我怎么喝得下啊？”

三毛说：“只要你干了，我三毛也干了。”

娟子面带难色从座位上站起来，咕咕喝了两口，又换了一口气，咕咕咕将土酒全部喝干净，然后坐了下来。

这下子三毛面露难色了：“娟子，你真的干了？”

娟子面不改色："我干了啊。"

潘健从座位上也站起来，为娟子打抱不平："三毛，你主动与女士碰杯，女士都喝了你还在晃，喝不去碰什么杯？"

三毛争辩道："我肯定喝得下去！我跟娟子碰的杯，我分三口喝关你什么事？"

看来潘健就是想出气："那我们两个碰三杯，你敢吗？"

三毛哪里受得了这样的挑战："碰三杯，哪个儿不喝。"

杨哥、冉俊和我们众人连忙相劝："算了，算了，要碰最多碰一杯！"三毛哪里听劝，昂头把与娟子相碰的这杯一喝而尽，抢了酒瓶，将自己的酒杯倒满，又把潘健的酒杯加满："来，第一杯……"

三杯下肚，加上之前举杯喝的酒，两人喝的酒超过了一斤。刚开始两人都没事，大家又边喝边聊，过了不到半小时，三毛就倒在桌上睡着了。潘健却出奇神勇，越喝越兴奋。最后，六瓶土酒倒完，大家举杯站立：感谢杨哥的盛情款待，感谢潘健重回兴义，感谢大家一路相伴。

12

为什么流泪了？

不知道。

你高兴吗？

高兴。我是你的了，同我说些温柔的话。

我们结婚吧。

我不结婚，我们就这样不是很好吗？

可我想结婚。

你好像是个小孩。

哎，你——

老何，我还想要……

我十八岁刚参加工作的时候，在储蓄所上班。有一年储蓄所门前来了一个摆地摊的外省算命先生，算命先生的全部行当，就是一张嘴和一张布，布上写着四个字：看相算命。每天都有很多本地人围着算命先生，大家都说他算得很准。我观察了一周，这些人都不像算命先生的托，我怕算命先生突然离开，挤进人群请算命先生也给我算一下，先生先看看我的面，又让我伸出手看了看，顺口出了一句打油诗："祖宗产业在梦中，半生漂泊流离里。若不改姓便远行，五十岁来始安定。"先生颂毕，周围人一片哄笑。我的一位表哥也在人群中，他将此事告诉我大哥，我被大哥一顿斥责，不想后来我的命运跟算命先生说的基本一致，我漂泊了近半生才得以在贵阳安生，而我的表哥年纪轻轻竟死于非命。

2008年5月23日我离开兴义到黔北名镇遵义，而你在十天前已先我离开兴义——5月12日汶川地震，你背起背包独自奔赴灾区做志愿者，豫莎准备与你一起去，却在医院里不能请假。

有时候我觉得，我就是你，你就是我，写你的命运，就像是写我的命运，我俩的命运好像都离不开流浪。2008年5月匆匆一别，竟成了长长的分别。

你到了四川，因为交通堵塞去不了汶川，你就到了绵阳，你在绵阳先是为救灾的解放军送水做饭，后来见灾情比大家想像的还要惨重，绵阳市区的救灾人员也越来越多，你就约了几个志愿者往山区里深入，到了擂鼓镇你在一栋倒塌的平房下救出六岁的男孩张仁凯，张仁凯的父母、爷爷奶奶都在地震中丧生，失去亲人的张仁凯是个犟头，怎么也不愿意离开擂鼓镇，你不忍心抛弃可怜的孩子，先是准备留在擂鼓支教半年，后来又多干了一年。

张仁凯与你越来越熟悉，加上心理疏导的成效，张仁凯同意离开擂鼓。绵阳安邦保险公司成立，你应聘成为副总经理。你将母亲带了一年多的女儿也接到绵阳，你、女儿、张仁凯在绵阳又有了一个新家。

豫莎多次飞成都到擂鼓、到绵阳看望你，你为自己给豫莎带来的别离、奔波深深感到内疚。豫莎很尊重你的选择，但只要你提及结婚，豫莎坚决不同意。

你离开兴义一年后，豫莎在市医院也办理了协议解除劳动合同手续，专心做自己的服装生意。豫莎的生意越做越大，在贵阳、昆明也有了分店。

2011年6月，远在家乡的父亲病危，家里的兄弟告诉你，你已经单身十年，父亲最大的愿望是你能带一个嫂子回家。

你一生流浪，最愧疚的是对不起父母的养育之恩，你急中生智，给办公室的黄燕作了一些交代，带着黄燕回到老家。

两周以后，父亲悄然辞世。

我在遵义，忙忙碌碌，文山会海，竟不知道你父亲离世的消息，等到我再见伯父时，伯父的坟头已经长满青青野草。

那天，官文、向红、汪晓琳等人随同豫莎到殡仪馆哀悼伯父，众人烧纸、点香，依次到伯父灵前作揖、磕头、上香，你跪在父亲的灵柩旁一一还礼，上香完毕，你将来人引导到一旁的客房休息。

客房里已经坐了不少人，你的大姐正在一张桌旁陪黄燕等人吹牛。

你侄女、侄儿等也在一起。豫莎认识你的不少家人，一一跟大家打招呼，看到一口四川话的黄燕，豫莎问大姐，这位是？大姐正想着怎么介绍黄燕，你的侄女开口了：“她是我舅妈，三舅妈。”

你的侄女就叫你三舅，你想制止已经来不及。豫莎一听就僵持在那里，脸色变得铁青。她回过神后，就往殡仪馆外跑去，官文、向红、汪晓琳等人反应过来，都朝豫莎追了过去，豫莎在大家的劝阻下，蹲在地上哭起来……

汪晓琳直接反应过来，问你：“老何，你结婚了？”

豫莎站起来，拦住汪晓琳：“不要问他了，走——”

豫莎挣脱所有的人，愤然离去。你知道，此时此刻你所有的解释都苍白无力，此时此刻也不是你去解释的时候，你转身向殡仪馆、向父亲的灵堂走去……

不久，豫莎也离开了兴义。她兴义沙井街的店依然开着，但是交给了店长打理。汪晓琳几次到店里问豫莎到哪里了，店员们都说不清楚，在昆明、在贵阳、在深圳……众说纷纭。群里的人打电话给她，她听出了声音，就将电话挂断。后来，干脆将手机号码换了。

13

第二天，我们四人都是十点过才起床。

酒精安眠加上万峰林的空气质量太好，我们都睡了一个懒觉。大家起床后在客栈大厅一起吃早餐，娟子说："我喜欢这样的旅行，没有人叫你起床叫你赶路，一切都顺其自然，只有这样的旅行，才能算是真正的旅行。"

潘健升起了离别的情怀："离开贵州十几年了，我没想到贵州变化这么大，景点变得更加漂亮，土酒变得更加香醇，老朋友还是这么热情，都不想离开贵州了！"

冉俊慢条斯理而富有诗意："从世纪之初到走进新时代，从六天前——21日到今天26日，从青春年少到人到中年，人有沧桑巨变，景有万千不同；少年风花雪月任君游，中年沉稳渡沧海……”

冉俊的诗意有些让我听不懂，我打岔道：“冉哥哥是不是还想喝酒？来，举杯，把牛奶干了，我们收拾出发。”

我们收拾妥当，杨哥开了一辆商务车来接我们。大家退了房，将娟子的车开到富康国际大酒店，一同坐杨哥的商务车到了马岭河峡谷风景区大门，五人在景区大门排成一排，娟子站在中间位置，拍了很正规的纪念照。

进了景区，大家乘上电梯下到第一个景点“雨打芭蕉”。峡谷两岸峭崖对峙，谷深流急，银瀑飞泻，“地球上最美丽的伤痕”名不虚传。我们向右过铁索桥，走到河流对岸；一番攀爬，又向左过第二座铁索桥，走到河流对岸。正如人生的风景其实就在身边，但人们却不停地拥向对岸以为对岸才是风景。我们走了两个小时又来到起点，娟子在雨打芭蕉的芭蕉树前留影，我发现芭蕉树竟是一个妖怪，和我第一次来一样没有长大长老；我甚至怀疑它一百年前、两百年前甚至一千年前就是如此，任凭身边的雨大雨小，水大水小，孤零零地就和这大地、这山水、这世界融合成了一道风景。它的碧绿，它的苍茫，它的淡然，它的喜怒哀乐只有它自己最清楚，不需要理解，不需要解释，不需要辩白，不需要过去，不需要未来，不需要明月，不需要渔灯，不需要不需要，不需要不不，不不不需要，我就是我，我就是地球上最美丽的伤痕。

我们出了风景区，把车开到沙井街33号工行大院停下。我们走过人行天桥，走过豫莎的“迪奥”品牌服装店，娟子走过时，豫莎没有在；潘然走过时，豫莎没有在；冉俊走过时，豫莎没有在；杨哥走过时，豫莎没有在；我走过时，豫莎也没有在。我们走到街心花园，吃了舒家杠子面；我们走到荷花塘，吃了刘家羊肉粉；我们走到稻子巷，吃了邹家鸡肉汤圆；我们走到三月桥，吃了周记刷把头……我们吃得酣畅淋漓，神采飞扬。

我们一直吃到下午三点才把潘健、冉俊送到兴义机场。潘健、冉俊走进了安检线内，娟子、我、杨哥留在安检线外。忽然，冉俊说了一句：“潘健，和娟子拥抱一个再见吧。”潘健放下手上的行李，果真走向娟子与娟子拥抱在一起。冉俊又说了一句：“娟子，你给潘健一句话吧。”娟子拍了拍潘健的肩膀，看着潘健的眼睛，叮嘱说：“潘哥，好好对你的家人。”

潘健、冉俊过了安检，娟子、杨哥和我走出机场大厅，我们走到门前的候车位上，杨哥到停车场开车接娟子和我。娟子和我站在路旁等候杨哥的车，突然，一辆的士在我们前面停了下来，一个熟悉的身影从车上走了下来，我一眼就看出是你……我跑向前大声喊你的名字：“何波！”

何波抬起头看到我，惊喜极了：“老向，你怎么也在这里？”

我说送两个朋友坐飞机，又问何波，你要飞哪里？何波说飞成都。

我把何波介绍给娟子，两人握手，礼节性相互问好。我让娟子告诉杨哥等我一下，把何波送进候机大厅。

我问何波：“来兴义干什么？”何波回答：“逛逛。”我笑起来：“你就来兴义逛逛？”何波回答：“来兴义还愿来了。”我说："还谁的愿？"

何波说："我自己的。"

原来，5月25日是豫莎的生日，分别后，何波每年5月25日都要到兴义，在豫莎"迪奥"服装店对面的三味书屋守候，期盼豫莎出现。何波已经坚持了五年。

我说："如果豫莎真的出现了，你要干什么？"

何波说："我只想向她说一句，对不起。"

我笑起来："他妈的，岁月真是杀猪刀，居然让遍体鳞伤的何波又成了痴情汉。"

何波真是有着深深的内疚："我的内心只有我最懂。"

我认真地开导何波："你别往窄处想了，以豫莎的能力和性格，她肯定过得比你还幸福。"

何波固执地说：“你不懂。”

14

2016年国庆节我与她驾车沿318国道准备去稻城。

我们过了雅安，到达天全县，刚出天全县城，路边有人家在办酒席，我低头看导航，结果将一辆迎亲的奥迪A4撞了。奥迪的后保险杠撞变了形，车主打电话叫来交警，交警判定我的全责，奥迪换保险杠，车主要我赔偿八千元。

我将现场照片传给何波。何波已经搬到成都，但人到色达旅游去了。何波看了照片，说换保险杠最多赔四千元。

现场交流中我感觉到车主与交警明显是熟人，我说自己只赔四千元，交警说不赔八千元，扣我的车。

我打电话给潘健，潘健和家人也在旅游。潘健说让他们扣车，后面他来处理。

稻城去不成了，我决定回成都。潘健在天全找了一个朋友将我们送到成都。

何波一直关心事故的处理和我的行程，得知我晚上到达成都，给我订了刚上线的两张《从你的全世界路过》的电影票。

陈末与小容针锋相对，谁也不知道他们的仇恨从何而来。陈末与两个兄弟，全城最傻的猪头，全城最纯的茅十八，三人每天横冲直撞。陈末相遇了幺鸡，猪头打造了惨烈的婚礼，茅十八经历了最悲惨的别离。陈末爱上幺鸡却找不到了幺鸡，带着母亲到农村生活，后来在曾经约定的稻城，等待幺鸡的出现。最后幺鸡出现在陈末的身后，对的人终于走到一起，成为彼此的全世界。

在片尾的音乐里，出现了我见到就无比感动的几段文字：

总有几分钟，其中的每一秒，

你都愿意拿一年去换取。
总有几颗泪，其中的每一次抽泣，
你都愿意拿满手的承诺去代替。
总有几段场景，其中的每幅画面，
你都愿意拿全部的力量去铭记。
总有几句话，其中的每个字眼，
你都愿意拿所有的夜晚去复习。
亲爱的，如果一切可以重来，
我想和你，永远在一起。

放映厅人已散尽，我和她，因为这份感动，在孤独的影院相拥而泣。

第五章

时间仓库·贞丰

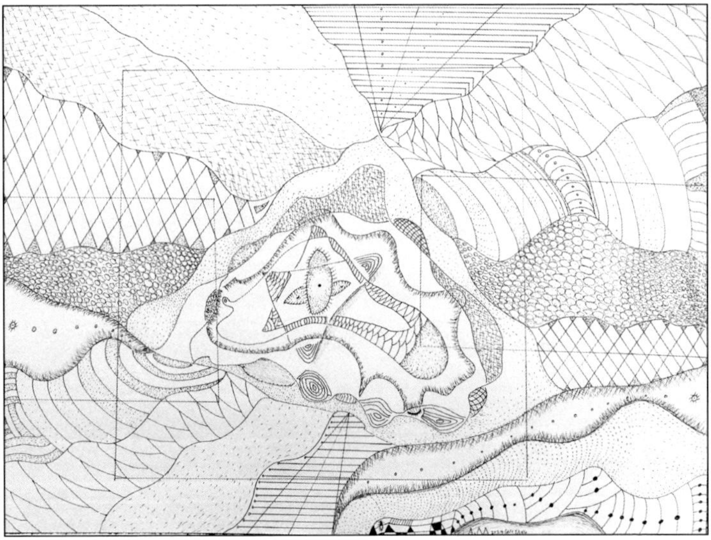

01

大师兄，你是从哪里来

我从九嶷山顶的石头里蹦出来；

八戒，你是从哪里来

我从天上掉下来。到人间投胎，错投猪胎

哇，八戒，原来你来自另一个亮丽的世界

贞丰古城里，贞丰一中尚在，但“仓库头”除了留下两湖会馆并成为网红打卡点，其他的早已荡然无存。

说起仓库头，上世纪读贞丰一中的学子都知道。贞丰人的口音与贵阳差不多，更像成都话，仓库头就是仓库里面的意思，但“头”不读“tóu”，读“tōu”，“偷”的音，“仓库偷”。

贞丰一中很长时间为马二元帅府、大礼堂，再加上一幢两楼的苏式教学楼。马二元帅府、教学楼前面有几个球场。马二元帅府依山而建，从后院就可以爬上三后坡、二后坡、大后坡。大礼堂、教学楼隔了仓库头，要穿过仓库头才能上山。

现在的一中已经改建得面目全非，只有马二元帅府作为省级文物保留下来。马二元帅府圆穹的大门前加了一道冰冷的铁门，铁门锈迹斑斑，上个月在马二元帅府出生长大的一中子弟李皖、忠忠回贞丰，在文管所的同学李文胜有钥匙，文胜开了门让两人进去，年久失修的马二元帅府杂草丛生、斑驳欲坠。想起当年的热闹非凡，李皖和忠忠感叹不已。

马二元帅府以东二百多米，一直到两湖会馆，一中教学楼、城关区政府、机关幼儿园、保健站以北——往山上就是仓库头，仓库是粮食仓库，学名叫粮管所新仓库，新仓库修好后粮管所又在“汽油厂”修了更新的仓库，所以不知情的人说仓库头是老仓库，汽油厂是新仓库。

因为父亲在粮管所工作，我生在仓库，在仓库头住了二十多年。那年代，我有很多机会给粮管所打工，初二暑假就给粮仓编过号，用红油漆将仓号印在仓库的大门口，这样粮仓的管理就有序简便了。马二元帅府往东，分别是一号仓，新建的两楼吊脚木仓，长35米，高约10米；二号仓，黑神庙改建，砖瓦外壳，在原有的木柱上加了吊脚，也是两层粮仓，长25米，与一号仓一样高。二号仓往西是我家居住的两层木瓦房，这里有通往后山的通道。再往东是三、四、五号仓，它们是一个三合院，过去的福寿寺。三号仓是正房，高13米，三层，高大雄伟。六号仓库横它们前面，坡度低了一米多，像一号仓一样也是长35米、高10米的吊脚楼。七号仓连着六号仓，与六号仓一模一样。再往东的八、九、十、十一号仓是四合院，过去的川祖庙。八号仓四层，气势恢宏，有石坎从两边上台阶，上了台阶是一个五六米向前凸出的半圆戏台，戏台后面镂空雕龙的石柱支撑着整幢建筑，木方上雕龙刻凤，还有《三国演义》《西游记》的故事情节。最珍贵的是二、三楼的横梁上有四对“狮子拉马车”——这是我童年对狮子拉车的理解，狮子拉车是木镂空的雕刻，狮身上套着缰绳，缰绳飘逸流畅，带着后面的座椅又不失力度，绳间还点缀着朵朵祥云——祥云竟和2008年北京奥运会火炬的祥云一样！再往东，隔了一个小晒坝，就是十二、十三号仓，它们因为偏远免于浩劫，留存下来就是今天大家所能见到的两湖会馆。

我这样砌字会让你看得很累，甚至产生不想看下去的想法。我知道我该侧侧身，舒展一下肢体，也让你休息一会。我的记叙当然是为了下面的描述和你的阅读更加方便。我还想告诉你，我记录的这些物品不是仓库，也不是标本，而是活过的生命。岁月给我们留下了许多痕迹，但岁月也带去了许多东西，我千方百计地留下这些东西，为的是要用文字延续它们的生命，因为我相信文字有这个能力。

关于仓库头的故事太多。这里我只说说上世纪七十年代经历和看到的一些事。

02

仓库头四周都有围墙或堡坎，正前方有一个大门，大门一关就是一个独立的系统。围墙有高有低，一中大礼堂后面的围墙最低，高不到两米并且墙体还很厚，翻墙的同学不仅可以翻越自如，在墙上还可以跑步前行，健步如飞。巧巧、小阮丽、小阮蓉等小女生贪玩到了仓库头，又不想绕路回家就从围墙上爬上马二元帅府后花园就近返家。久而久之，仓库头与一中的石围墙被踩出一道道“步梯口”，更方便手牵脚攀。常常有学生在课前课后翻墙过来打鸡儿棍、跨五步、玩跳海、踢沙包、打拐拐鸡、躲猫猫、捉特务……仓库头在丰富同学们业余文化生活特别是“野孩子”们的文化生活中作出了突出贡献。

仓库头有热闹的时候也有冷清的时候。一号仓的前面是一个斜坡混凝土的晒坝，落差接近两米；二号仓前面是个平的晒坝，水泥地面一直往下延伸到7号仓尽头。马二元帅府往东是县公安局，公安局驻有县中队。仓库里清静的时候部队的操练就开到了仓库头：队列、向左向右向后转、擒拿格斗、瞄准、实弹射击样样都有。我还见过新兵入列老兵退伍，见过一个新兵是同边手，张连长将他纠出来单独训练，战士们盘坐在地看他一人的操练。张连长一左一右手握木棍，新兵接着张连长的木棍也一左一右握着，张连长下达口令“齐步走”，然后甩手向前，新兵的手在木棍的带动下也甩手向前——同边手不在了，这样训练了一会，张连长走着走着将两根木棍从新兵的手中抽了出来，新兵甩着的手走了不到三步又还原成同边手，战士们和我看了哈哈大笑……

张连长英俊高大，是个北方人，说得一口好听的北方话。战士们休息时，有时候会到我家找水喝，我当然高兴极了，用水瓢从瓦缸打了一瓢又一瓢让解放军叔叔喝个够。有一年张连长的妻子从北方来看他，张连长把她也带到仓库头看战士们训练，那天太阳很大，张连长与妻子坐在阴凉的二号仓石梯上，把我也叫到他的妻子旁坐下看战士们的操练。张连长的妻子穿着白色粉红花的连衣裙，人漂亮干净，身上擦的雪花膏香喷喷。

每天早晨六点半到七点仓库头清静的时候，周邦国老师都要来跑步。半小时二十多圈小步慢跑宛如他的性格。他上地理课从来不翻书，“同学们打开某某某页”就开始了。我还看到过联合诊所的班医生悄悄带着双胞胎的女儿到仓库学小提琴，班医生就是小提琴老师，那时候他的女儿大概是读初一或初二，他家顺城街的洋房被没收成了理发社的理发室。

我生于“十年动乱”期间，因为住在仓库头对“文革”动荡与混乱比同年人多了更深的了解。我家住在二号仓与三号仓之间，在一楼的房间里从窗口可以看见晒坝、一中的教学楼和礼堂，还有太阳西沉的远山。因为屋基加高了近一米，窗口距地面两米五左右，窗下有一块水泥抹灰的黑板，黑板上基本上没有写过什么通知和上过什么课，倒是孩子们跨五步时把它当“电”，摸上黑板人就带“电”。窗子上面的屋顶装着一个灯罩，罩子下面安了一个一百瓦的钨丝灯，夜里成了仓库头最明亮的地方。

晚上常常有人、有组织在灯下学习最高指示或开会。开会的经常讨论抓这个、斗哪个。今天斗尚县长，明天斗刘县长；今头整走资派，明天整当权派……我印象最深的是联造司——贞丰县无产阶级文化大革命联合造反司令部晚间开了一个会，后又组织了一百多人在仓库头集合，人群中拿枪配刀，然后列队向龙场出发，结果走到白腊遭到“工总司”伏击，死了两人，造成军队接管贞丰县无产阶级革命委员会，张连长也成了县革委副主任。我的母亲怕祸从天降，从此解放军到仓库头训练也不准我们出门去看，还要把门紧紧关住怕解放军来讨水喝。

03

情势有点好转后，批判、斗争人的情况也没有多大转变。仓库头的钨丝灯下学习、开会越来越多。我像个特务经常在窗口偷听他们的会议内容，虽然很多内容听不懂——这遭到我母亲的多次“笋子炒瘦肉”，但童年的孤独与好奇让我死不悔改、乐此不疲。后来巧巧家与教英语的印尼归侨阮老师家干了一架，当权派一中教导主任李老师的妻子、新华书店职工张奇珊是地主后代，巧巧的母亲张奇珊被批斗了一个晚上。不久阮老师教学中资产阶级本本主义的问题也被挖掘出来，校革委会又在灯下开了一个会，阮老师也被批斗了一个晚上。半年后阮老师一家举家迁往香港，他的大哥是香港的资本家，他们到香港后也成了资本家。九十年代末阮老师的夫人罗老师——罗小团带着两个资产阶级小姐阮丽、阮蓉回到贞丰，已经是贞丰支行行长、她的同事、闺蜜顾希和接待了他们，顾孃让我也参加了部分接待，当时我烫着泡头发，脚穿喇叭裤、黑皮鞋，见到我小学二年级就失散的老同学阮蓉惊喜地拉着我的手，用粤语惊叹："是铃？巷老沙？点解变成嗽噶（是你？向老三？怎么变成这个样子啦）？"电视剧《霍元甲》《陈真》才给我们普及了粤语，我听得懂她讲的话，我想：我不是这个样子会是什么样子？结果那天我们喝了很多酒，都有一些醉意，我带着阮丽、阮蓉又爬上仓库头的围墙，看谁走得稳，结果两个资产阶级小姐大呼小叫，已经失去了当年的风采。

——我们笑了别人又笑自己。仓库头的空仓随时被征用，九至十三号仓经常被征用为"学习班"，我的奶奶不知什么原因也进了学习班。一天夜里因为工作经常不回家的父亲也回家了，坐在院子后门偷偷地哭。我们问母亲怎么了，母亲说小声点不要说话，你奶奶被批斗了！我去到窗口认真听了文化馆广场传来的高音喇叭声，原来奶奶是错划为"中农"的"地主"。我是"地主"的孙子！我每天都要去奶奶家给守家的老黑狗喂食，要走过我的女偶像琳琳家兽医站门口，我多么怕琳琳看见我这个"狗仔子"的儿子"狗孙子"。没有多久，琳琳的父亲"资产阶级当权派"兽医站站长林贞祥也被斗了，还敲着锣鼓"当、当"地游街。很好，我和琳琳扯平。

七十年代我在仓库头遇到的最浪漫、最动人的事是我同学林老二的父亲犯了“反革命”罪被判了极刑，有一段时间林老二的母亲文孃在晴朗的星期天经过我家门口，去大后坡看林父在监狱里放风，他们还带着自制的叫“油脐脐”的风筝去放。我以为大后坡什么地方可以看到监狱里，多年后我们爬上大后坡顶仔细寻找，坡顶也只能看见公安局监狱七八米高的围墙，一点也看不到监狱里面。原来他们什么也看不到，就是寄托一家人的想念和期盼。或者，林父在放风时能看到天空中飘飞的“油脐脐”，知道一家人在一起了？我这一段写得木木呆呆，你看了肯定很失望，但仔细想想，其中的泪和笑多么感人肺腑！

仓库头最热闹的时候是秋征和开五干会。

秋征就是交公粮，一般在九、十月份。农民们以生产队、大队为单位集体交公粮。近一点的生产队人挑马驮送来公粮，远一点的连环、白层用马帮驮来公粮，稻谷送到汽油厂，苞谷送到新仓库，一时间整个县城风吹铃响马帮来。粮管所全力做好服务，每天杀一头猪，送粮的农民管饭，一顿饭两分钱。这期间表现良好的知青被抽调进城协助秋征，有一年李烈成也在其中。那年王老五知青的大姐也参加秋征，李烈成指着她对我说：向老三，你敢不敢对她说李烈成说你长得漂亮得很？我说，哪个不敢？就去对王姐说：李烈成说你长得漂亮得很！说完就跑。王姐满坝子地追赶我：向老三你这个憨包！李烈成非常感谢我，将打来的晚饭——主要是红烧肉分了一半给我吃。后来，李烈成和王姐结了婚，真的成了一家人。

“文革”时期县里规模最大的会议就是五干会了。“五干”指县、乡（公社）、大队、生产队、小队五级干部，号称万人大会。万人大会人员肯定没有万人，但起码两千至三千人参加。仓库头的空仓、走道，附近的学校、单位的空房子都被征用，会议没有早餐，中午饭、晚饭就在仓库头吃。会前远处的干部提前一两天就背着稻草或草帘子、背子到仓库头打地铺，会议后勤组组织六七个壮汉一抬，抬着公社的搭斗进场作盛饭的工具，把汤钵、菜盘、饭碗等也抬到仓库头，借了一个粮仓和我家旁的空房间作为保管室。

会议开始，就餐的时间到了，仓库头人山人海，人声鼎沸。放在晒坝里的六七个搭斗里的饭热气腾腾、堆积如山。从城关区政府厨房送的炒好的菜被分成几个组，二三十个小工忙碌地打菜：酱炒回锅肉、花菜炒肉片、麻婆豆腐、青椒肉末四季豆、白菜豆腐汤，标准的“四菜一汤”。八个与会代表围成一圈席地而食，或蹲着，或盘坐……人群黑压压的，壮观的场面恐怕只有张艺谋能够拍得出。

我家后面的菜地旁有一个木房厕所，会议期间厕所的容量就不够了，一不小心屎尿就要沾到解手人的屁股。会务组安排菜园生产队每天组织十多个人到仓库头挑粪，每人一天两挑。厕所四周菜地的南瓜叶，不到两天也被采摘一空，成为粪坑里的“手纸”。

04

有一次，档次属于“尿班长”的我起床后将我的夜壶的尿照例倒到厕所，因为怕上学迟到没有清洗放在院子里就离开了，中午放学回家不见了夜壶。我的夜壶是贞丰窖上产的敞口钵钵，跟会议用的汤钵一样，肯定被工作人员当作汤钵收去用了，我赶紧告诉母亲，母亲听见吓得半死：砍脑壳的，你要当“反革命”呀。扯起青竹条条就往我身上抽。一边抽我一边告诉工作人员，工作人员赶紧找来后勤总管邓同志——邓同志是一位退伍军人，在城关政府工作，经常穿着有点褪色的黄军装，脸上带着微笑，显得文文静静，但平时对小偷小摸、投机倒把却出手狠辣，让人畏惧，他见了我和母亲，先是夺下母亲手中的青竹条条，听了情况后冷静地说，娃娃也不是故意的，收钵钵的也不知道这是你家的东西，大家都不要说了，注意一下，有人吃出味道了我们就解释，没有人吃出来就万事大吉。

——中午过了——晚上过了，没有人反映汤钵有尿的味道，我逃过一劫。

童年的时光有些漫长，转眼到了“反击右倾翻案风”。我哥哥和高年的同学都在写“批邓”的大字报。“白猫黑猫抓到耗子都是好猫”有什么错？错在哪里？我这样想，也这样念了出来。

“反革命，你说白猫黑猫抓到耗子就是好猫。”我哥一进家门就听见我的叨咕，扯起我就要往公安局走：“你这个小反革命，让公安局把你抓了。”

我当然不依，和哥哥打成一团，哥哥用木板凳砸我，板凳脚着地破成两半，哥哥还以为是打在我身上碎成两半。母亲回到家里看到家中一片狼藉，又扯起青竹条条抽向我哥：砍脑壳的，你要整死你弟啊？

“文革”后期，我在仓库头看到的最后一台闹剧是排演大型情景剧《无产阶级文化大革命就是好》，歌声中唱道“无产阶级文化大革命，就是好；就是好呀就是好……”剧中的工、农、商、学、兵一起上阵，很多比我大，抓投机倒把、当权派起劲的街坊都成了演员。其中一个穿白衣、白裤、白帽的人民警察由区长英俊的儿子饰演，后来我的这个偶像做到副县长，因为受贿在检察院立案以前服毒自杀。这个剧因为粉碎“四人帮”戛然而止，没有能够公演。

1979年春天，贞丰一中与仓库头的围墙差一点被掀翻，学校在学校那边的围墙上架了两架木楼梯，又在仓库这边的围墙上架了两架木楼梯，一中和仓库头就连在一起了。初三、高一、高二的男女同学推倒压在心中的围墙，每天下午课后三点半在《青年圆舞曲》中跳起了久违的交谊舞：

蓝色的天空像大海一样
广阔的大路上尘土飞扬
穿森林过海洋来自各方
千万个青年人欢聚一堂
拉起手唱起歌跳起舞来
让我们唱一支友谊之歌

欢乐的歌声在回旋荡漾
歌颂着我们的幸福时光
亲爱的朋友啊心连着心
我们有共同的美好理想
拉起手唱起歌跳起舞来
让我们唱一支和平之歌

白鸽在天空中展翅飞翔
青春的花朵在心中开放

年轻的朋友啊团结起来

为和平为友谊献出力量

拉起手唱起歌跳起舞来

让我们唱一曲团结之歌

……

这首始于一九五〇年代的集体舞曲，突然跨越时空，回到学校，回到了青年之中，将青春的激情、青春的活力迸发出来，仿佛人们憧憬的理想就近在眼前，人们追求的幸福快乐生活就要到来。那时我才上小学五年级，我在初三、高中同学的青春的旋转中，在花一样的人海里，预感到一个新的时代、一个鲜活的中国正在到来。

05

本来我说过“关于仓库头的故事太多，这里我只说说上世纪七十年代经历和看到的一些事”。我把我码好的文字发给一些同学，也在微信朋友圈作了连载，在朋友圈中引起反响，远在上海的张承斌发来这样一段文字：“你让我想起了放学后去仓库头斗枪龙、躲猫猫、打鸡儿棍、转青枫子、扇四方角……回家没有少被父母揍。你码了这么多字不容易，关键是这些文字背后的人和往事，说实在话很佩服你的记忆力，你应该也是七十年代出生，发生在仓库头的事你如何记得这么清楚？这期间你应该不满十岁。”

张承斌是地地道道的贞丰人，现在住在上海外滩，他努力寻找家乡的话语、儿时的“术语”，却露出没有学会上海话、学了北方语系的尾巴。我想他是在一家上海的北方企业或者公司工作。我半开玩笑半认真地回复他：我四岁上的幼儿园小班，一开学就遭到陈焰用剪刀剪衣服，在衣角上剪了四个口，回家我妈问衣服怎么被剪了，我不敢说是陈焰欺负我，说自己剪的，我妈“啪”的一耳光给我扇来：砍脑壳的你疯了啊？我被我妈暴打了一顿，从此长记性了。

九十年代初贵阳中医学院毕业跟随父母回到太原、已经是太原第一人民医院妇产科主任的琳琳发来文字：我老爸出身不好，之前在贵州农业大学教书，后来被下放到贞丰。对了，我老爸的姓名不是“刘曾强”，是“刘贞祥”。在发朋友圈时，我把稿子中的“刘曾强”按琳琳的提醒改成了“刘贞祥”。

巧巧是兴义一中英语老师，她已经桃李满天下。我的首张音乐MV《你还会来西江吗》英语就是她做的翻译。巧巧留言道：详细地描写了仓库头的整体布局及发生在仓库头的大小事件，朴素的写实风格真实还原了曾经的沧桑历史，个人经历的悲欢离合，读着读着泪湿眼眶。

巧巧的真情表达感动我，在病毒肆虐的当下，我码的文字也让自己得到治愈。

忠忠离我最近，在贵阳市中华北路与黔灵西路合围的中风险区当志愿者，我把微信稿发给他，他打来电话：立高，我有点忙，我们这个区域老同志比较多，他们不会用智能手机，做核酸检测都有点问题，看到老人家们在疫情面前无能为力我感到有点沉重——他说话的声音有些哽咽。过了几秒钟，他提了一口气说：我休息后回复你，好吗？两天后发来修改意见，还认真地给我纠正了五个错别字。

九月十八日上午我将我的文字推向微信。因为疫情严重，贵阳市取消了十点三十分拉响防空警报纪念“9·18”九十一周年。我发完微信接近中午十二点，翻微信和抖音看见三都县警方发布了三荔高速发生客车侧翻的消息，车上载有四十七人，造成二十七人遇难。随后有人猜测是转移疫区群众的车辆，下午两点左右网络上铺天盖地点起了悼念的蜡烛，人们不断地转发歌曲《我怎么哭了》，晚上六点官方信息证实是转运疫区群众的车出了车祸，二十七人遇难。歌手雷诺儿从北京给我打来电话：向哥，你还好吧？还好，我回答。他说：还好就好，还好就好，只要平安就好。然后叮嘱我疫情期间不要出门，好好待在家里写东西。

打完电话，雷诺儿给我推来他的原创歌曲《抱得太用力》。我本来听《我怎么哭了》心里只是觉得憋屈、压抑、难过，一听《抱得太用力》一下子像触及到人的生命弱不禁风，捕捉到厄运随时可能降临，感受到人的情感变化无常，泪水忍不住从眼眶里流出。你想听这首歌可以去“搜狗音乐”下载，在这里我把歌词抄下来，你就认认真真看几遍歌词吧，或者放着这首歌边听边看，体会我当时的心情。

当故事慢慢都讲成回忆

爱情它渐渐地沦为伤心
如果剧情早已经是注定
又何必再费力气

曾经的你现在会是在哪里
此刻的你是否还在想起
美好的回忆像电影划过
为何就此的放手

如果说你说爱我时说的那么用心
那么说在你离开我时走得太狠心
你走了以后我还在这里
只是一个被遗弃的道具

如果说你给了太多忘不了的甜蜜
错只错在分手时抱你抱得太用力
我走了以后你还在这里
和他开始了另一场电影……

我一边听一边给雷诺儿发微信：我听哭了……

雷诺儿理解我的走心，回复我：向哥，没关系，现在是一个快餐时代，第一天伤悲，第二天坚强，第三天遗忘……你会走出来的。为了安慰我，在文字的后面还加了两个顽皮的表情。

雷诺儿说的是大实话，现在流行遗忘，抑或生命中有什么事不可以遗忘？网上对二十七条生命的哀悼在18日晚上达到高潮，第二天变得理智，第三天就集体失声了。

为了记录这一段静默的日子，为了你存在的期许，我把《时间仓库 · 贞丰》继续写下去，我不分年代时间的逻辑，随意码文字、砌故事。

06

在我出生的前一天，母亲感觉自己的肚子痛起来，并且疼痛感越来越强烈，母亲预感到我要出生了，忍着疼痛从仓库头去到清真寺旁边叫上自己的好朋友圆弟孃孃一起去到大西门联合诊所找接生婆徐医生，到了联合诊所一问才知道徐医生到洗布河商业局宿舍接生去了，也不知道什么时候能回来。母亲在圆弟孃孃的陪同下回到家里，又从三号仓后面的巷道走到三号仓左侧搭建的瓦棚敲了陈奶奶家的后门，陈奶奶开门知道了母亲预产的信息，安慰母亲道：没有医生也没有关系，我都生了六个，有的是经验，我给你接生……

那个时候陈奶奶家因为人多，孩子们都长大了，分成了两个住处，一处住在三号仓左侧的瓦棚，一处住在十三号仓——现在两湖会馆。粮管所在十二、十三号仓库都隔了几个房间，十二号仓有一间床、桌、椅齐全，陈奶奶就在这里值夜班，院子里还修了一个老糠灶可以烧水做饭，陈奶奶说在这里生产方便，叫母亲回家拿上准备好的尿布、小衣、抱被、毛巾、红糖、鸡蛋就到十二号仓等待生产。

母亲躺床上，陈奶奶和圆弟孃孃也没有闲着，他们先在老糠灶上烧了一大锅水放凉，找来一把剪刀在开水里煮透消毒，又烧起一锅热水备用。陈奶奶问母亲为我起名字了吗？母亲说：还没有呢！陈奶奶想了想：先起个小名吧，如果是个儿子就叫向老三，如果是个姑娘就喊她向三妹。母亲和圆弟孃孃笑道：好！谢谢陈奶，让你操心了。

7月1日凌晨五点半左右我出生了。陈奶奶一手一脚地将我接下来，用剪刀剪断了我与母亲联系的脐带，然后将我擦干净用衣物裹好，他们给母亲擦洗干净后，贞丰广播站早上六点的广播就开始了：贞丰县广播站现在开始广播。首先，转播中央人民广播电台《新闻和报纸摘要》节目……

看了这一段你可能笑破肚皮或者没来得及笑：向老三牛逼吹大了，自己出生的过程都知道。你还别说，在小学三年级以前断断续续通过母亲的唠叨、陈奶奶的训话、圆弟孃孃的回忆，我就大致知道了自己出生的过程。

先说圆弟孃孃。小时候母亲常带着我和我哥、我姐到圆弟孃孃家里玩，三兄妹里圆弟孃孃偏爱我，常常对我说，向老三我是看着你出生的。圆弟孃孃在小西门百货店上班，百货店里卖一些日杂百货、针头线脑，她的眼睛明亮如水，声音清秀甜美，好像也只有我母亲这个好朋友。她有一个姐姐叫招弟，嫁到了贵阳，丈夫王叔叔在我出生之前修黔昆铁路支铁去了水城，八十年代末调回税务局，人高大、俊俏、帅气。

陈奶奶是书面的叫法。贞丰人的口语中就叫陈奶，我怕我在记叙中一开始就写陈奶会让你耗神半天。贞丰老城里，自己的奶奶叫太太（tái tài“台太”），别人的“奶奶”叫姓加“奶”字。我姓向，我的奶奶大家就叫“向奶”，陈奶本来姓杨，妻随夫姓街坊邻居都叫她“陈奶”。

贞丰人称呼亲戚朋友很多时候都“抬辈分”，就是大人替娃娃喊老辈子。陈奶的六个子女我们喊的时候又还原成大毛哥、二毛哥、三毛哥、四姐、五毛哥、陈六妹，这样称呼把妈妈叫作“奶奶”，儿女还是“哥姐”，不知情的人肯定一头雾水，乱七八糟。陈奶1955年嫁给南下干部陈爷爷，生了孩子就变成了众人的陈奶。

母亲生我时刚满二十四岁，她说陈奶大她不到二十岁，这样算来我出生时陈奶四十出头。陈奶性格直爽、大嗓门，对人凶巴巴，对我却慈爱有加，我记事以后总是主动和她打招呼："陈奶，你好。""向老三，你是老子接生的。老子姓杨不姓陈。你长大后要对你家妈好啊。"有时候我没有看见她，她先看见我，就大声吼我："向老三，看见老子都不喊，你是老子接生的，你敢不喊老子……"然后也不管我的申辩，把我叫到她身边，从荷包里抓出炒葵花给我装满一裤包或者两裤包。

在我的印象里陈奶随时都有葵花吃。她是粮管所的正式职工，后来又调到打米厂，有固定工资，生活压力小一些，可以随时买炒葵花。我的母亲长期在粮管所、打米厂背谷子、老糠，是临时工，母亲的收入和压力大得多，母亲常常埋怨：你爹从来不管事，明明晓得你要生了也不回家，还是人家陈奶帮的忙。有一段时间父亲在汽油厂仓库上班，经常一两个月不回家，陈奶的大儿子大毛哥——母亲叫他小瑞阳常常过来帮母亲做一些重活，生了我也是陈奶安排小端阳到汽油厂通知父亲的。母亲常常念叨小瑞阳乖，这也是陈奶的六个孩中我唯一记住的书名。虽然后来二毛哥当上了贞丰饲料加工厂厂长，通过自学考取贞丰县第一个成人自学研究生，提拔担任了县乡镇企业局副局长，后面担任了局长，但我一直都没有记住他的名字。

07

我像记流水账一样的叙述让我很累，也会让你看得很累，你有了看不下去的感觉。其实她扫了一个大概，早已用手机刷抖音去了，谢谢你还留在这里跟着我的文字艰苦漫行。去年我见到中国民间文艺家协会顾问、学者余未人先生，说自己想写一部反映改革开放四十年家乡变迁的小说《寻找亚鲁王》，余先生认真地听了我的构想，说写小说关键要有细节、有细节描写，一语道破了写小说的难点。我在疫情期间沉下心思，控制住自己平时的急躁、急功近利，将往事娓娓道来，让你感受到我朴素的写实风格，还有就是我行文时常常跳出叙述与你平行交流，你所能感受到的正是我的细节、我的描写——没有办法，我已经染上时尚的毛病，“王婆卖瓜，自卖自夸”实在难以根除。

我在十二号仓里出生是我与两湖会馆的第一次交集，下面发生的事，可以算是我与两湖会馆发生的第二次交集。

我读小学五年级的时候十三号仓已经隔成两家人住了，左边张承刚家，右边还是陈奶家。上初二的姐姐带着我去陈奶家玩耍，陈奶家里只有陈六妹在家，陈六妹是姐姐的同班同学，与姐姐一样年纪，但是我们大大小小都叫她陈六妹。陈六妹的性格像陈奶一样豪爽，动作像男孩一样粗放。我们到了她家里，她说我吃葵花，我说没有吃，她说你明明在吃怎么说没有吃？我说我真的没吃，真的没有葵花呀。她说你明明从裤包里摸出来吃的，就分一点给我吃有什么？我说我真的没有葵花……陈六妹走到我跟前，突然低身将两手分别伸向我的左裤包右裤包找葵花来了，右裤包一摸到底，什么也没有；我的左裤包早就破通了，她的右手穿过裤包一下捏住了我热热的鸡鸡——我没有穿内裤，她凉凉的手掌、手指在鸡鸡蛋蛋上停留三秒就伸了出来，若无其事地说了一句真的没有啊？转身和我姐聊她们的话题去了。

一切发生得这么突然，一切都像没有发生，我也不敢闹，不敢叫或者说什么。嗯呐，我十二年的童贞，就这样轻而易举地被陈六妹草率地夺去了。

我知道你看了在那里坏笑，你也像当时的我一样想说点什么又什么也说不出来。你又笑我在静默期间已经变得焦虑、茫然、失去方向，但就在这样艰难的时光里却要停下来，唱出这首歌，唱出我们的悲伤，以及一定会回来的很多的快乐。我知道你好像看懂了我的文字，又像什么也不懂。

陈六妹在读高一时跟一个男人私奔了，有人说去了贵阳，有人说去了昆明，有人说去了广东……多少年已经过去，不知道她的哥哥姐姐们有没有她的消息，也不知道她是否回过贞丰看望过自己长大的地方？

当然，我为自己是陈奶接生的而骄傲，陈奶是英雄的妻子！陈爷爷是河南人，担任过八路军一二九师战士、班长、排长，解放战争中随刘邓大军南下渡江，挺进大西南，转业时是解放军的一名副团长，因为不识字他只要求在粮管所做一名普通员工，组织上给他安排了副所长的职务。在我出生的三年前，他在粮仓的杀虫施药中氰化钾中毒殉职。

我虽然没有见过陈爷爷，但我见过他留下的两件遗物，一件是他送我奶奶家的两条黑狗——大黑、小黑，从此在后坡上演义出多少狗的忠诚、勇猛的传奇故事；一件是他在仓库头值班室留下的日本军刀。

我家住的这幢房子，第一层被隔断成四间房，从晒坝上几步石坎首先到达的是粮管所的值班室。值班室里除了床、办公桌椅、一张躺椅，还有手摇电话机、收音机、连着楼顶高音喇叭的扩音机，这种配置是那个时代最高端的办公室配置了。办公室的门背后，挂着陈爷爷留下的日本军刀。

每天都在值班室值班的周公公告诉我，这是陈爷爷干掉一个鬼子军官后缴获的战利品，八路军首长为了嘉奖陈爷爷将这把战刀交给陈爷爷配用，陈爷爷转业时部队又破例允许陈爷爷将刀带到地方。这军刀身带弧度，直柄，刀绪侧红色，木鞘皮套，连刀鞘长一米左右，在我有记忆、有能力抽刀出鞘后，近五厘米宽的刀身已经发黑，刀刃已不锋利。日本军刀有血养宝刀的说法，多年不见血，宝刀已老。

七十年代中期另一个军人朱叔叔——朱文昌从西双版纳转业回到贞丰，也是粮管所副所长，成为我的邻居。朱叔叔回来后在山上开荒造地，把军刀拿去割菜砍草，两三年间刀刃越用越快，散发寒光，挥刀刀落菜根断，但刀头磨去了一半，没有几年一把长刀只有了30多厘米像一把匕首。朱叔叔早已去世，他的儿子朱忠祥在我的朋友圈里，我告诉小祥，我在“百度”里搜索，现在这样一把日本军刀，在收藏市场售价在200万元至700万元之间。小祥看到后淡然笑笑：哪个晓得呀？是啊，不怪小祥，也不怪朱叔叔，有许多军刀、许多历史、许多未来、许多宝贝、许多值得你爱的人正在你的手中，可你一点不珍惜，你、我在不经意间将它们毁于一旦。

08

陈爷爷被一中的学生称为“陈馆长”，陈爷爷死后我的父亲一定继承了陈爷爷的遗志，也被同学们称作“向馆长”。那年我曾经同一中老校长王春生的三儿子王洪宇吃过一次饭，王洪宇当时是黔西南州副州长，我知道王洪宇，王洪宇不知道我，席间王洪宇问我是哪里人，我回答贞丰人。我说，我家住在仓库头，你家住在马二元帅府，你家围墙下面是仓库头的水井。王洪宇一听兴奋起来：你姓向？你爹叫向仕祯？我们小的时候叫他向馆长，他之前仓库头的馆长叫陈馆长，我们小孩怕死他们啦，我们去仓库头游泳，最怕被他们逮到没收我们的衣服。

陈爷爷、我的父亲没有死。虽然他们的肉体死了，但他们的故事还有人记着，他们的灵魂就不会死。我有一个发现要告诉大家，云贵高原上的布依族、苗族、侗族等世居民族跟美洲墨西哥的世居土著民族有一些观念、风俗相似的地方。说是人一生有三次死亡，第一次是生理上的死亡；第二次是社会上的死亡，人们要来参加葬礼，告诉灵魂回去的路程；第三次也是最后一次死亡，当人们把他遗忘，没有人念叨他了，那时候他是真的死亡了。这是我看《寻梦环游记》了解到并通过实证比较出来的，我们搞民俗学研究的专家一般不看时尚电影，看时尚电影的一般不懂民俗学，我两边都不沾但是他们中间的楔子。谢谢你看我的文字，让我再一次想起陈爷爷、我的父亲，让更多的人忆念他们、念叨他们，让他们可以活得更久更久！

我记忆的闸门一经打开，种种往事就如潮水一般涌现出来。我常常在记录某一桩往事中犹豫不决，明明是像放电影一样历历在目、感觉非常精彩记着叙着就变得无足轻重，一些意想不到的情节却像奔腾的骏马闯入视野成为神来之笔，码字变得不再是我做主，而是由平行空间的另一个向立高调度。

我的很多同学、朋友都说我有惊人的记忆力，我哪有什么惊人的记忆力，我要是记忆力好早就是北大、清华，起码也是贵大的料了。我的记忆力其实非常糟糕，只不过对自己感兴趣的场景能够记住一些。网上说人出生三个月后就开始有记忆，六至九个月以后记忆力大增，并且还能将几天前的事追溯，人在3～4岁以后就能将记忆中的场景追溯回放了。记忆力和记忆的追溯能力的好坏有区别。

我之所以能够记住事、记住场景，与仓库头是一个独立的环境，平时冷冷清清，而我渴望热闹、渴望与人交流有关，这也恰好印证人需要的五个层次理论。我虽小，但在我身上生理需要、安全需要、社交需要、尊重和自我实现的需要都强烈地存在，我关注他人其实是关注自己，我在仓库头看到人的活动就像看电影，一看就印象深刻。

这样的经历和反射多了使我能够追溯的情景可能比一般人多一些、早一点。我追溯到最早的一件事是这样的：安运司的货车司机在大西门收购了板栗，然后出钱让母亲们背到塔山上烈士陵园装车——当中可能是卖板栗的涉嫌投机倒把，可能是收板栗的货车驾驶员公车私用赚外快，或者两者兼有，我能“看”到的场景是，在塔山下道班队平桥附近，有人说市管会的追来了快跑，母亲用竹背篼背着不轻的板栗，前胸抱着我加速向上山的跑，跑了一会母亲又将我放下拉着我往前跑，我跑了一小段速度太慢了，母亲又只好抱起我跑，反反复复。板栗成熟的季节是八九月份，如果我三岁多，背着重物母亲肯定抱不动我了，但母亲抱我、放下，我跑得慢……综合分析下来我可以追溯到的最早的记忆是我两岁多的情景。

苦难深重的川滇黔人民把体力劳动叫作“做活路”，一方面是讲这是“体力活”，另一方面是告诉自己不劳动就没有“活路”。我的出生不仅给母亲增加了一个儿子，还给她增添了生活压力，让她做活路时多了一条尾巴，增加了很多不便。

仓库头六、七号仓背靠城关区、贞丰幼儿园；也可以这样说，仓库头在城关区政府、幼儿园的背街。

城关区政府驻地过去是经堂，后面一直有人就叫它经堂，经堂是基督徒念经的地方，建有教堂、法国神父住的木洋楼和神职人员住的木瓦房等等，还有一口深三丈的贞丰县城唯一用辘轳吊绳打水的水井。

贞丰幼儿园是在六十年代初成立的。它的进深与经堂一样，门面宽只有经堂的三分之一。走进一扇双开大门是宽敞的院坝，院坝两侧砖瓦砌了两座雅致的花台，我读幼儿园时花台里错落有致地种着玫瑰、蜡梅、兰花、月月红。走上两级石阶又是个庭院，左边是一座花台，花台里种了两棵橘子树和绿叶灌木，右边是花窗棂门的木房，再上三步石阶是一个三合院，右侧有廊道往中院，中院有一幢二层木楼，木楼高贵典雅，楼前的院中长着比楼房还高的洋槐树，春天洁白的洋槐花开，氛芳洋溢了整条南大街。中院后面连着后花园，后花园新修了一座滑滑梯，有一棵高大的花红树。

母亲告诉我幼儿园过去是印家——我初中的班主任印光绪老师家。上世纪五十年代开明士坤印老爷被打成漏网的大地主被遣送下乡。印老师今年八十岁，现居贵阳观山湖，我和忠忠每次去看望他，印老师总是千叮咛万嘱咐我们要紧跟时代步伐，加强政治学习，不能落后。

09

我四岁以后幼儿园秋季招生，条件变成只有双职工的子女才能上幼儿园，我们家只有父亲有工作，我不符合报名的条件了。开学以后，母亲拉扯上我去到幼儿园找到赵园长，一见面母亲就着急得哭起来：向老三的爹不管家，我又要找生活，他不读书，我怎么办啊。

母亲的诉说，听得赵园长都陪同掉下眼泪，赵园长答应收下我，母亲交了一学期一块五角钱的学费，我成了贞丰幼儿园的学生。

那时候幼儿园住着赵园长一家和马老师一家。赵园长一家五口：赵园长、于老师、大姐于利亚、二弟于立、三弟于今；马老师一家六口：马老师、张老师、大姐张丽、二子张波、三女儿张燕、四儿子张浪——我像一个负责任的史官在给皇帝写历史，生怕自己写错了谁的名字，皇帝就要砍我的头。所以老师的先生也按当时叫法写作于老师、张老师。

幼儿园、经堂都留有一个小门通往仓库头，从属地管理原则上说，你只要两步、当时的我需要五步就可以从仓库头走到幼儿园了。

幼儿园都上什么课我不记得了。给我印象深刻的是蜡笔填画册、手工剪纸。最该砍脑壳的陈焰就是在手工剪纸课上用小剪刀剪破了我的衣服。

转眼到了第二年六一国际儿童节，幼儿园大、中、小班都排演自己的节目庆祝六一。我们小班排演的革命现代京剧《沙家浜》选段《你待同学亲如一家》被推荐参加“六一”全县汇演。指导我们排演的是音乐老师黄老师。

黄老师个子不高，身体微胖。我们幼儿园毕业、幼儿园解散后调到了县文化馆，她文艺功底十分了得。

那期间幼儿园的后门敞开着，孩子们在幼儿园和仓库头进进出出，一会儿到仓库头参加排练，一会儿又回到幼儿园喝白开水、滑滑梯。我、周老七、小福生、李文胜、曹平等人玩着曹平从“曹家照相馆”拿来的120胶卷的衬纸，卷成一卷从中心推出然后拉长就变成一根孙悟空的“金箍棒”，“金箍棒”伸缩自如，大家用“金箍棒”互相追打，羡慕死没有的同学。

小班的排练在8号仓前面的戏台上进行。黄老师将男女同学分为两组，男同学学郭建光的唱段，女同学学沙奶奶的唱段。黄老师告诉大家，谁唱得好就选谁扮演郭建光和沙奶奶。

教学了一个多星期，女生男生都能独立唱完各自的选段。黄老师先在女生中挑选沙奶奶，赵蓉嗓子好，但记词不准；琳琳声线细，眼睛明亮，表演大方；袁淑红声音有张力，动作过于夸张；张燕上台太紧张……男生中我第一个上台，我五音不全，开口就跑调了；忠忠全部唱完，有板有眼；白文平唱了一段戛然而止，忘词了；黄老师还没有叫杨川生上台，他自信地走上台却开不了口，被同学们哄笑下台……到了李文胜，李文胜不上台，说：黄老师，我想喝水！黄老师说：你怎么现在想喝水？李文胜说我口干。李文胜是捣蛋鬼，估计也唱不出来什么名堂，黄老师就让他喝水去了，结果他到园里喝了水又突发奇想，用喝水的小瓷杯到厕所里接了自己的半杯尿，回到排练现场递给尹兴光：尹兴光我给你倒茶来了……

尹兴光很精明，把杯子拿到鼻下闻了闻：黄老师，李文胜拿尿来给我们喝。

黄老师闻声走过来夺杯把尿倒掉，警告李文胜：李文胜你小心点，我忙完收拾你。

后来忠忠、琳琳被选中，两个五岁不到的娃娃扮演郭建光、沙奶奶。黄老师的排演也更加严格，没有伴奏和乐器，出场打闹台的大锣、铙钹、皮鼓声黄老师自己模仿：铛锵锵锵锵锵锵铛、咚咚锵铛……忠忠上！文场的京胡、月琴、三弦黄老师也模仿得有板有眼：的一傣的傣……的一傣傣的……傣……琳琳唱！这次排演，成为我对京剧启蒙。

“六一”的庆祝游行红旗招展，彩旗飘扬，锣鼓喧天，花环起舞，孩子高呼“毛主席万岁”“共产党万岁”“热烈庆祝六一国际儿童节”的口号，唱着《学习雷锋好榜样》《我们的祖国是花园》等歌曲，声音一浪高过一浪。游行结束召开庆祝大会，幼儿园、一小、二小、三小的近两千名学生聚集在文化馆广场，领导讲话，红小兵代表发言，新加入红小兵宣誓，表彰优秀红小兵之后文艺汇演就开始了。

我们的节目被编排为最后一个压轴节目，文化馆的乐队进行伴奏。黄老师将琳琳的长发盘在脑后，身上换了件对襟衣，胸前系了一件小围裙，头发扑了些粉笔灰成为“白发”的沙奶奶。忠忠白衬衣蓝裤子，戴了一顶“新四军”帽子，腰上系了颗有五星的绿色皮带，只等上台。

“下面，请欣赏革命现代京剧《沙家浜》选段《你待同志亲如一家》，表演者贞丰幼儿园李忠、刘毓琳等。”主持人报幕。

鼓、锣、铙钹起：锵锵锵锵锵锵锵锵锵锵锵。忠忠、琳琳上。

向老三（白）：指导员有几个同志申请归队。

忠忠（白）：都这么性急！好，叶排长，我看，

一部分同志伤已经好了，可以先走。

向老三（白）：是！

琳琳（白）：走？上哪去？

忠忠（白）：我们找部队去呀！

琳琳（白）：找部队去？那哪儿成呀！

琳琳（唱）：同志们杀敌挂了花，

沙家浜就是你们的家；

乡亲们若有怠慢处，

说出来我就去批评他。

周老七（白）：沙奶奶叫咱们提意见。

忠忠（白）：提意见，我给你提个意见，好吗？

琳琳（白）：好啊，那就提吧。

忠忠（唱）：那一天同志们把话拉，

在一起议论您沙妈妈；

七嘴八舌不停口……

琳琳（白）：意见还不少呀。

忠忠（唱）：一个个伸出拇指把你夸。

琳琳（白）：我可没做过什么事呀。

忠忠（唱）：同志们说，

似这样长期住下，

只怕是心也宽，体也胖，

路也走不动，

山也不能爬，

怎能上战场把敌杀。

待等同志们伤痊愈……

琳琳（唱）：伤痊愈也不准离开我家，

要你们一日三餐九碗饭，

一觉睡到日西下，

直养得腰圆膀又壮，

一个个像座黑铁塔，

到那时……

忠忠（唱）：到那时，身强力壮跨战马，
驰骋江南把敌杀，
消灭汉奸清匪霸，
打得那日本强盗回老家。
等到那云开日出，
家家都把红旗挂，
再来探望你这革命的老妈妈！

忠忠唱着，双手紧紧握住沙奶奶琳琳的手。我们左右两边各七人，手举红花面向着观众拥向舞动中央，大声呼喊“热烈庆祝六一国际儿童节！热烈庆祝六一国际儿童节！”把忠忠和琳琳围在中央，做了一个忠心向党的动作组合。随后，整个舞台响起《我们是共产主义接班人》的音乐声，领导、全体演职人员走上舞台合影留念。

那天中午我们折腾了很久，给我们合影的是曹平同学的爸爸。他的照相机用三脚架支撑着，比现在的高清摄像机还大，机身上罩着黑布，连接机身的气管从黑布里伸出来，照相的人们排好整理好表情，“咔”的一声按下气囊压开快门就照了一张。黄老师见时间很晚，将我们十多个演员请到鱼塘坎她的家里，吃了她亲手炒的鸡蛋炒饭。

我再次见到曹家相馆的大照相机是我们幼儿园大班照毕业照，还是曹平的爸爸给我们照相。照相地点从幼儿园转移到城关区教堂前面。这张题着“一九七四年贞丰幼儿园大班毕业纪念”的相片每张要交一角钱，我回家给母亲要钱，母亲说没有，毕业后我没有得到相片。三十二年后贞丰老同学在兴义组织了一次聚会，巧云、张丽芬等人收集、翻拍了不同时间的毕业照做成相册，幼儿园的毕业照第一次来到我手里，拿到照片很长一段时间我都找不到我是谁。

我庆幸自己从小养成听母亲的话、懂事自律的习惯，是你的终将会来，不是你的强求不得。在这里，我要真诚地感谢和祝愿今天还在兴义抗疫一线的幼儿园同学巧云、张丽芬、吴桂花、巧巧等人的良苦用心，疫情过了我会去看你们。

人一生中会遇到许多人，但都是匆匆而来，匆匆离去，与自己擦肩而过，包括与自己的父母、子女，我们最该珍惜的是相聚相遇的缘分！匆匆地，你从我的地平线上走过；转瞬间，你消逝得无影无踪。这种相聚，是百年修行的结果，尽管以后我们仍会以某一种状态交织着、纠缠着，不能分割！

这样想着想着，仓库头也被我人格化了。仓库头不再是一个具体的地点，不再是一个具体的空间，它像变形金刚，聚合着伸出四肢，长出头颅，咚咚地走动起来；它像匹诺曹得到奖励，长鼻子收缩以后，就要变成肉身的躯体。我感谢仓库头接纳了我，包容了我，滋养了我，陪伴了我，直到我长大。

我的性格也像仓库头，不忌讳热闹，耐得住寂寞，保持独立的个性迎接日出，点亮月光，经历风雨。

恢复高考后，借仓库头安静的环境，到仓库头复习、早读、背书的同学越来越多。1977年12月20日第一次高考，王春生的大儿子王宇航以兴义地区第一名的成绩考取重庆建筑工程学院，我的街坊袁正迁以兴义地区第二名的成绩考取贵阳中医学院，孙亚芳考上了成都电讯工程学院，在仓库头我常常看到他们苦读的样子，他们的成绩，鼓舞了贞丰全城学习的士气与氛围，离开贞丰时全县人民敲锣打鼓地欢送他们。1978年南大街的邻居张淑新又以兴义地区第一名的成绩考取清华大学，成为兴义二十年来清华大学第一人。1979年也是我的街坊蒙明生以优异的成绩考取西南交通大学。这些人都经常到仓库头自学。1980年那些到仓库头跳《青年圆舞曲》跳得最欢的男女同学，创造了贞丰高考的奇迹，朱文光老师带的高二（1）班包揽了兴义地区前三名，13人考上了重点大学，第一名杨小峰被清华录取，第二名三弟于今被北京航空学院录取，第三名谭刚被西安交通大学录取……贞丰教育史的辉煌，有着仓库头鲜活的脉搏。

10

我们家住的木瓦房离二号仓的砖墙有八十厘米左右，在二号仓之间形成了一个巷道。巷道的前端砌了砖墙，巷道里可以堆放很多杂物，有一段时间堆满老糠，成为我们家和值班室的燃料。

房子楼上是仓库保管室。门在木房和三号仓之间，木楼梯上到二楼，打开门锁进入保管室。保管室里堆放各种扫把、簸箕、喇叭、废旧电池、新的和过期的灭火器、竹铲、铁铲等日用品。最具科技含量的还有喷洒氯化钾时使用的防化面具，一堆长期未用的苏联援助的实验用品。

实验室用品有量杯、试管、酒精炉、导管、试管架等等。一个实验室里该有的设备应有尽有。当时我不懂化学实验，对这些设备不感兴趣。印象深刻的是这些东西搬来，仓库请了一个一中的老师到现场，老师用其中的设备做演示，在一个不锈钢锅里放了一些奶油、白糖、玉米，又给锅底的气化炉反复打气，气满后打开油阀，煤油喷在石棉罩上，火一点，气化炉嗯嗯地喷出白色的火焰。老师慢慢搅拌锅里的搅拌杆，不一会，玉米花嘣嘣地从锅里爆了出来。

小城里玉米花不是这样做成。装上玉米，密封罐子，放煤火上旋转，加热增压，压强达到后放到一个长麻袋前，撬开压阀“蹦”的一声，玉米花爆了出来。传统的玉米花淡而无味，偶尔也放糖精增甜。而这锅炒出的玉米花甜甜的还有黄油香。后来，仓库的人们再也没有人炒出这样香喷喷的玉米花，他们将气化炉弄坏了。

我住在仓库头，如果只讲躲猫猫、捉特务、打拐拐鸡、宰四方角等游戏，那就没有一点技术含量了。我说一点技术含量高的故事。

有一段时间，我常常在堆积如山的老糠上玩。有一次我突然发现二楼墙板的一块木板，往上一推木板就可以被推上去，下来的时候稍微倾斜，木板就可以取下来。其实这是木匠师傅安装墙板的技巧。木板可以随时取下装上，我进二楼保管室就来去自如。

躲猫猫时我带三弟于今爬上老糠堆，抽开木板我们钻进保管室。于今被琳琅满目的奇异物品惊得头昏眼花，他摸摸量杯，看看烧瓶，转身转动转下爆米花机，又戴防化面具……以至于一楼下我们的伙伴找到家里，问我母亲：向老三回家了吗？我们躲猫猫，向老三和三弟找不到了。

母亲也不知道我们就在楼上，说：向老三没有回家啊，他躲到哪里去了？

孩子们知道母亲不骗人，怏怏离开。我和三弟才想起已经很晚了。取下木板回到老糠堆，从巷道里走了出来，母亲问：你们躲哪里去了？

老糠里面，我们回答，没有说出二楼的秘密。

后来，我与三弟带着起子、塑料铜丝，把二楼放置的高音喇叭磁铁拆下来，研究喇叭是如何发出声音的。我们把保管室存放的旧电话、一号电池用铜线联结上喇叭，手摇发电，喇叭嗞嗞嗞地响，电流越大声音也大。三弟边测试边看手里的《十万个为什么》，说是电流的大小决定音量的大小，我们用刀划开铅笔，取出铅笔芯，用笔芯当电阻，铜线拉近划出，喇叭发出“嗞嗞、嗞，嗞嗞、嗞”不同声音。

我们似乎什么也明白了，又似乎什么也不清楚。喇叭播放的时候不同的人为什么有不同的音质和音色？前些年我出差到重庆见到三弟，三弟请我吃火锅，我说到这事，已经是重庆大学机械学院机械电子工程系主任、重庆大学FESTO气动技术中心主任的三弟于今笑了：你不清楚，我至今也没有搞懂的呢。

在三弟的指点下，我将一套防化面具偷偷地从仓库带出来，拿到东门河落人凼，当作潜水面具给三弟们潜水。

知道有这么一个新奇的物件可以使用，三弟、周老五、周老七、骆孔蜀、向忠平、向四毛、李福生等人都到了落人凼。大家都想最先试戴防化面具，三弟指挥若定：一个一个地来，水性最好的周老五率先。周老五戴好面罩，大家帮他接好呼吸管，在管子的另一端装好吸附罐（大家以为吸附罐可以制氧）。周老五穿戴完毕走到水深处，低头收腹潜入水中，不到一分钟又从水中露出头，走上岸，摘下防化面具急促地呼吸：不行，我在水中睁得开眼睛，看得清水下，但是不能呼吸，闷死我了。

三弟接过防化面具，自己戴上在岸边走了几圈，又摘下面具，对大家说：能呼吸呀，只是有点闷。周老五说：你下水试试。三弟走到深水处，蹲下身子潜入水中，不一会儿"嗯"地一下站起来，摘下面具：太闷了，不能呼吸。

大家理解的潜水服是可以帮助潜水的呀，怎么这个"潜水服"就不行？三弟上岸将面罩、呼吸管、吸附罐都拆开来研究，我们第一次看到吸附罐两面是网状，里面装满火石一样的黑条（活性炭）。

潜水服不能用，大家戴着防化面具在岸上嬉戏。几天后三弟在书上查到防化面具用的是吸附罐，吸附罐里装的是活性炭，活性炭可以吸附空气里的有害分子，不制氧。所以岸上可以呼吸，下水水隔断了空气的流通。

我与三弟的实验获得过一次成功，我们制成了氢气，放飞了氢气球。

三弟初三，我小学四年级。他不知道在哪儿搞到了稀硫酸，拿到仓库头告诉我，可以做氢气球了。我们进行分工，三弟找废电池提取锌片，我到保健站拿安全套当气球。保健站的安全套放在一根柱子上挂着的铁箱里，上面写有需要的可以免费拿。我们常常见到保健医生的小孩把安全套吹成一个个气球拍打着玩耍。我到了保健站也没见其他人，径直走到箱子前拿了大、中、小号三个安全套。

我们悄悄地摸到二楼保管室，找试管，上架子，套活塞，插导管，先在试管里放入稀硫酸，然后用漏斗罩着将锌块放入试管，在试管口塞上活塞，又在导管另一端捆上大号安全套。很快，锌片周围出现气泡，氢气产生了。安全套立了起来。还没有见到安全套胀起，“嘣”的一声试管口活塞冲了出来，试管里的压强太高了。眼睁睁地看着制成的氢气在空气中烟消云散。

失败是成功家妈妈。三弟忽然眼睛一亮，有办法了。我们将中号、小号的安全套吹成两个大小不同的气球，把口子捆紧在二楼放了两天，两天后解开绳子，安全套还原不回去，变成两个塑料袋。三弟换了一支大试管，加了更多的锌片，两个大小不同的氢气球很快充好。

我们手里拉着捆氢气球的绳子，气球扯着绳子往上飘。下楼到了晒坝中央，三弟把自己手里的绳子放了，气球向着高高的天空飞去。我舍不得马上放飞，告诉三弟：三弟哥，我再玩一会才放……

三弟回家，我也回家。我手里的氢气球还是直直地往上飘，我刚踏上前门的石坎，值班室的周公公正好下班，他看了看氢气球，奇怪地问我：向老三，这个是什么？

氢气球，我自豪地回答。

这个是氢气球？周公公忍不住笑了。

我不知道周公公笑什么，自信地回答：是氢气球，它可以飞上天。

我敢打赌，1978年两个氢气球，是贞丰天空最早飞起的氢气球。

11

我的哥哥把我的解放鞋丢进井里，害得母亲打捞惹得一身的病，是我们童年做的最对不起母亲的事。

我三年级，哥哥初一时，我们到马二元帅府后院围墙下、一号仓旁的水井抬水。那是五月，井水涨了，还有点浑。哥哥用绳子将喇叭桶放到水面，一扯绳子，桶一面受力，桶口倾倒，满满的水就进了水桶。

哥哥将水提上井，我却不知道在井口玩什么，脚上才穿一天的一只新解放鞋掉进井里。

鞋也没有沉底，在水面漂，像一只小船。哥哥连忙把桶里的水倒掉，把空桶放进井里，轻轻一拉，桶口朝着鞋的方向进水，借着水势鞋也进到桶里。

哥哥得意洋洋：要不是我，你的鞋子就在井里了，你穿什么新鞋子！他唠唠叨叨，恨不得把我踩在十八层地狱。

我一忍再忍三忍，忍不住了：你不就是给老子把鞋子从井里打捞出来吗？你狂什么？你不打，老子自己也打得起来（我带把称老子的祖师爷是陈奶奶）。

我不仅不感谢哥哥，还怒怼哥哥，哥哥气急败坏：好，好，好，让你自己打。哥哥像土匪一样把我已经穿上脚的鞋又抢了下来，朝井里抛去。这回鞋子在水面上冒了几个泡，沉入井底。

哥哥自己也吓蒙了。我一只脚有鞋，一只脚赤着，哭着向家里跑去：妈妈，哥哥把我的鞋丢进井里了。

鞋子是母亲千打算、万节约，省下一块七角钱买的。母亲听了又骂又吼，挑着大桶赶往井边。

仓库头这口井，井口是圆的，内井却是方的，长1.5米，宽1.5米。水面离井口1.3米，水深2.3米。母亲想把水打干捞鞋子，打一个多小时水位才下降三十多厘米，母亲看自己的力量太单薄，吼着哥哥，让他去仓库大门外请蒲姨妈的儿子小东贵、小六一来帮忙，顺便借一把梯子下井。

人多力量大，水下行快了一些。母亲见井里的出水口水势很大，叫我二姐到家里拿了两件衣服堵出水口。大家把梯子放进井，母亲下井把衣服塞进出水口，没多久，衣服被水流冲了出来。母亲把自己身上的外服也脱了，三件衣服一起堵住出水口。

母亲全身湿透，皮肤透红。母亲不会游泳，水位只有不到1米，母亲下水用火钳夹了1小时才夹到鞋子。

四个小时奋战，为了一双一块七角钱的解放鞋。

母亲从井里爬出来，冷得牙齿发颤，皮肤更红了，手脚肿起来。井里寒气攻心啊。

母亲从此落下了冷水过敏的后遗症，只要一沾冷水，全身红肿，痒不可耐，二十多年后病始愈。

生活的拮据，人身上的一棵稻草，都足以压垮一个人。母亲那时才34岁，正是而立之年。

我昨天从重庆回贵阳，在高铁上遇到一对年轻的夫妻带着两个孩子从老家重庆到珠海。大儿子八岁，小儿子两岁。妻子看上去二十多岁。妻子一直抱着小儿子，哄着儿子：乖，睡傩傩。老公一直玩手机。妻子面相善良，简单淳朴，在一般的人家里，还是需要父母疼爱关怀的年纪。这么早就为人妻，成为两个孩子的母亲，图的啥?

所以我理解中国年轻人不结婚，不要小孩。社会发展的逻辑，好像在哪个地方出了问题。我们的社会，更应该关心年轻的人所思、所想、所困，拿出切切实实的办法为下一代解困、分忧。

有一段时间，贞丰治安不好，鸡鸣狗盗时有发生，仓库也发生过粮仓被撬、玉米被盗的事情，县城兴起养狗看家。可是没有多久，又说养狗影响治安形象，涌现“打狗运动”。

哥哥在同学家抱养了一条黄毛下司狗，起名小虎。养了三个月，小虎长成一条英俊狗少年。“打狗运动”来了，打狗队满街棒打刀戳，无辜的狗儿们厄运从天而降。母亲怕小虎惨遭厄运，在家商量，干脆赶场天把小虎卖掉还能换几个钱。哥哥舍不得小虎，当然不同意。母亲决断，就这么定了，星期天由向老三去卖。

星期天中午，我牵着小虎去集市。刚出仓库大门，路边的吴晓华、刘太、陈太就围上来，听说我要卖狗，吴晓华、刘太、陈太合计出五块钱把狗买了，三家吃狗肉打牙祭。五块钱正是母亲给我定的售价，我收了钱交狗回到家里。

回家不久，仓库大门前传来小虎凄惨的哀叫。我和哥哥夺门去望，小虎满头是血，嘴里流着血水，夺路往家里跑来。原来，吴晓华们没有杀狗的刀，就把小虎拴在柱子上用木棒击头，打了七八下小虎都没有死，挣脱绳子就往家的方向跑。

几个人围追堵截，木棒、锄头、铁棍齐刷刷地砸向小虎终于将小虎打死在地。哥哥看着这一切，把气出在我身上，拳打脚踢：你赔我的狗，你赔我的狗……这一次我破例没有还哥哥一次口、一次手。

母亲也觉得对不起哥哥和小虎：不知道他们用棍打，知道也不会卖给他们了。母亲把五块钱留着，新学期开学做了哥哥的学费。

打杀小虎是我第一次看见血腥的场面。我看见最血腥的场面是我工作后，贞丰广播站的广播突然响起：贞丰到白层的公路发生交通事故，死伤二十多人，请相关人员和爱心人士到县政府坐车前往救援！我风也似的跑到县政府，随车赶到现场。一个大坡的转弯处，一辆农用蹦蹦车翻下公路一百多米。一百多米的地带，鲜血染红大地，横尸一片。我们先救活着的人，我参与抬上公路的，有膝盖碰出碗口一样大洞的，有全身是血看不清人样的，有一个白色脑浆外流居然还活着。我们抢救上来的人有的在送往贞丰的路上死去，有的死在手术台。

我没有把这一节写得太血腥，怕引起你不舒适。上午吃早餐，我说给同桌的同事李玫听，想试一试可否可以如实描写，谁知只说了七八句，李玫就打断我：停，停。我只想告诉你，车祸现场比我描述的血腥百倍，我参加抢救，一点也不惧怕，就是一片同理心。那时母亲就是坐着这样的蹦蹦车，每天在贞丰赶着转转场，母亲随时都有这样的生命威胁。我抢救的不是别人，就像在抢救我的母亲……

好在母亲听进去了我们的劝告，从此不再赶转转场。贞丰大西门前多了一个“邱氏包子”的品牌。

12

小虎死了不到两个月，仓库头的另一条狗，野狼也出事了。

野狼是住在十二号仓值班的彭伯伯养的狼狗，高大、威猛、机灵，分得清谁是仓库里的家人，谁是仓库里的居民，谁是缴粮的农民，谁是仓库里的路客，谁看了不舒服……

彭伯伯参加过抗美援朝，是个卫生兵。我不知道他什么时候接替了杨奶，在12号仓值班。

打狗运动开始，彭伯伯在野狼的脖子上套了个皮带项圈，项圈上红油漆写着“仓库守护犬”，认为这样打狗的知道野狼是“公家”的就不会动手。

有一天，七号仓前面突然“砰、砰”两声枪响。彭伯伯一听出事了，赶到七号仓前一看，野狼倒在血泊中。一颗子弹擦过野狼的头皮，穿过左边脖子。

野狼没有死，彭伯伯跑到山上采了止血消炎的草药给野狼包上，野狼被救过来。

开枪射杀野狼的，是城关区派出所副所长杨槐树。杨槐树黑脸大眼，也是一个退伍军人。听说他还能自制子弹。杨槐树经常在城关区开会后穿过仓库回公安局。

野狼康复后留下后遗症，右鼻子总是流出鼻涕，鼻涕挂在嘴上，让人讨厌，往日的机灵劲也少了很多。

父亲为了野狼的康复，经常煮骨头汤泡米饭让它吃。有一天父亲对我说，我与彭伯伯说了几次，野狼养在仓库头依然很危险，他不听，你把他牵到奶奶家喂吧，这样对它还好一点。

我听懂了父亲的意思。我清楚地记得英俊的小虎和机灵的野狼一起嬉戏的样子。我把野狼牵到三后坡上奶奶家养了一个月，告诉它必须安心住下的原因。解开绳子野狼也不下山了，野狼把奶奶家当成了自己家。

野狼失踪后彭伯伯一直在寻找野狼，据说找遍了全城。有一天彭伯伯想到奶奶家。

彭伯伯叫上一个同事与他一道到后坡上找野狼。我奶奶家的狗，忠诚凶狠得全城无人不晓，如雷贯耳。彭伯伯们到了山下也不敢上山，在山下的城墙上呼喊野狼的名字：

“野狼——，野狼——”

野狼被拴在门前的磨盘座上，听到久违的主人的声音，狂喜得就要循声奔去，刚跑了两步，绳子扯住了自己。

野狼又跑，还是跑不动，野狼“嗷——嗷——”直叫，回应主人。

彭伯伯听到野狼的叫声，壮着胆子向奶奶家走来。

奶奶家老黑狗像是知道野狼的主人来了，就“汪、汪、汪”叫了几声，摇着尾巴欢迎起来。

往常，陌生人一上山，阿黑就大声地吼叫，扑下山去。

野狼见了彭伯伯，又是扑，又是跳，欢喜得不得了。

彭伯伯见到野狼，又是喜，又是恨：向老三，你偷我的狗。

我申辩：我是保护野狼。

你是保护野狼？彭伯伯大声吼我，恨不得给我一耳光：我要你保护它吗？

奶奶自知理亏，没有回击彭伯伯。要是奶奶不在，彭伯伯肯定给我一耳光。

彭伯伯解下拴在座子上的绳子，牵着野狼往回走。野狼想跟彭伯伯走，但又舍不得奶奶、阿黑、我和刚刚熟悉的新家。

野狼看看这个，看看那个，使劲地摇尾巴。

彭伯伯用力地扯着野狼朝山下走去。走到老城墙上，野狼突然挣脱彭伯伯，拖着绳子跑回山上。

野狼兴奋地嗅嗅奶奶，嗅嗅阿黑，嗅嗅我，使劲地摇尾巴，好像有说不出的话，万般的不舍，千般的难断。

野狼的眼睛里噙满泪水，奶奶也流出了眼泪。奶奶抚摸野狼的头，对野狼说：野狼，小彭才是你的主人，他舍不得你，你跟他回去吧。

彭伯伯站在奶奶门前，被野狼的行为和奶奶的话感动了，给奶奶作了一个揖：向奶，谢谢你。

野狼依依不舍地离开了后坡上。

13

我牵野狼上山的时候是在暑假，彭伯伯把野狼带回仓库后，我开了学，回到仓库家里。

那天下午四五点，我在窗下看书，忽然听到“砰”的一声，有人开了一枪。

我站起来往窗外一望，晒坝里杨槐树手持五四式，是他开的枪。

野狼吓得往回逃。跑到六号仓路口，野狼突然停下，恐怖的眼睛紧紧地盯着杨槐树。

野狼像想起了什么，从逃跑变成了进攻，回身冲向杨槐树。

杨槐树也没有想到野狼会来这一手，匆匆举枪又开了一枪。

没有击中。野狼冲到杨槐树跟前，张口向杨槐树右腿咬去。

杨槐树右脚一抬，野狼没有咬着，撕下一片裤布。

你咬老子！杨槐树大叫一声，不愧是老将，他恢复了镇定，把枪顶到野狼的头上，“嘣”的一声，一枪过命。

野狼倒地，动也不动。杨槐树见四周没人，拍了拍自己的破裤子，闷闷不乐地从我家门口走回了公安局。

过了很久，我才回过神，到十二号仓值班室告诉彭伯伯。彭伯伯找了一只印有“中粮”的破麻袋，将野狼装进袋里，我帮着彭伯伯将野狼抬到三后坡埋了。

彭伯伯说：向老三，我应该听你的，让野狼一直在你奶奶家。

现在贞丰一中的后山上有三棵百年柏树，下面一颗是单的，上面两颗长在一起。两棵柏树下就是埋葬野狼的地方。

第二天，彭伯伯拿了一把匕首到城关区派出所找杨槐树算账，刀一亮出，彭伯伯被民警按倒在地。持凶器到派出所行凶滋事，彭伯伯被狠狠教育了一番，粮管所又去做了担保，彭伯伯才放出来。

从此我与彭伯伯成了真正的朋友。彭伯伯家住三小门口瓦厂里，瓦厂烧瓦在彭伯伯家的门口挖了一个巨坑，雨季坑里积满污水，成为一个人工湖，湖水只差三四米就淹到彭伯伯家大门。在门前的竹凳上，彭伯伯给我讲了很多上甘岭的故事。

1983年，仓库头拆去了三号、四号、五号、八号、九号、十号、十一号仓和我家住的木房，留下一号、二号、六号、七号仓和十二、十三号仓，建了一栋砖混大粮仓。我家搬到了幼儿园旁的粮管所宿舍。

那时父亲五十多岁，已经设计、组织施工十多栋粮食仓库。州粮食局要调用他，他不去；省粮食厅要他，他也不去。他要留下来陪伴二十六岁就守寡的奶奶。父亲搞了十多年的基建，业务精通、廉洁奉公，工人喜欢他，农民喜欢他，远处的领导喜欢他，但是想搞事的人不喜欢他，身边的个别领导也不喜欢他。

转眼间粮仓建好。两湖会馆这边粮仓下还依墙建了十五间十平方米的小平房。小平房旁边二十多步的梯坎上去，平房顶其实就是大仓的走廊。母亲唠叨三十多平方米的家怎么够住，父亲第一次厚着脸皮占了两间平房，给我和姐姐搬到新房。

我隔壁的两间房住着粮管所年轻员工张琴。张琴八〇年高中毕业，顶替白层粮管所所长的父亲，刚刚调进城。张琴找了一个男朋友，是安顺汽车运输公司货车驾驶员。驾驶员经常到贞丰，他一到，张琴就兴高采烈地做饭给驾驶员和其他客人吃。驾驶员天气热的时候还会去最右边的自来水水龙头处冲凉。

有一天半夜，我睡得正熟，突然听见隔壁的张琴大声叫喊：谁？哪个在窗子上？

过了几秒，“噗”的一声，有人从高处跳落到地上，又听着“咔嚓”一声五四式手枪拉上膛，一个男中音传来：“我，城关区派出所所长杨槐树。”

“烂流氓”，张琴在屋里狠狠骂道，“我和我老公在一起，我们有结婚证。”

杨槐树也不管张琴说的：“你开门出来看看……”

后来我才知道，中国古代早有“窗下听床”的说法，杨副所长这是“窗上听床”了，不知道是不是受到刺激还是早有安排，张琴不久后调往安顺。到了安顺张琴写了一封举报信举报杨槐树。

我工作后进了银行，城关区派出所改名为珉谷镇派出所。银行与派出所警民共建，关系好得很。我们的金库是人民银行、工商银行共用金库，在派出所支持下，两个保卫股把金库守得滴水不漏。有一段时间特别重视专业银行，工行保卫股门前挂了“贞丰县人民法院驻工行执行室”招牌；没过几天又加挂了“贞丰县人民检察院驻工行检察室”招牌。行长、副行长、信贷股股长、信贷员和我配了法院、检察院的两套衣服，羡慕死人民银行的同志。有一天晚上，我们值班在院坝里摆龙门阵，我问来访的谢明祥所长：谢叔，你们以前的副所长杨槐树呢？

谢所长是四川人，会展言子：你不要说他啰，茅司里的石头——又臭又硬。八七年公安系统清理五种人，有他一个。狗东西，坏事做绝。你不要说，也没有什么大把柄。公安局政委郭正明组织清理，找他谈话。郭政委正牌大学毕业，真有水平。他粗中有细，绵里藏针。谈话前先安排我们抄了杨槐树的家，搜出子弹三十一发。还搜了杨槐树的办公室，什么也没有。郭政委会讲话：老杨啊，局里想调整一下你的工作，你在公安系统工作太长了，换个环境。县里也同意调你到煤炭局——人家郭政委话还没有讲完，他个杨槐树就跳起来：调我出公安局？我不去，我不去！郭政委说：别激动，别激动，坐下来，慢慢说……

谢所长喝了几口茶水，看大家听得很认真，说得更带劲，宛如讲四川话的成都评书艺术家李伯清：杨槐树说，我在部队，到地方，干公安都是手握钢枪。我小学毕业，文化虽低，但不甘落后。我学马列，背语录，走在人前。我在部队，队列、打靶、战训、救灾没落人后。转业到地方，干一行，钻一行，巡更守夜，确保一方平安。批林批孔，没有少过一课。反击右倾翻案风，大字报，榜上有我。打倒“四人帮”，与国同庆。严打快打，走在前列。杨金涛集团盗枪案，我到挽兰龙头大山蹲守两个月……

谢所长说：杨槐树说着说着，粪堆上开花——臭美起来，像是开他的表彰会。郭政委果断打断，语言却委婉。老杨，你真不容易啊。组织上也不是说你有天大的错误，就是平平常常的一次调动。

死个舅子，杨槐树，不吃郭政委这一套。说不去，哪里我都不去。我生是公安局的人，死是公安局的鬼。

好个郭政委，心里想，不使点手段怕不得行。从抽屉里拿出一沓检举信，说老杨你看这些检举，这封，说你在仓库头打死公家的狼狗。杨槐树回，文件规定公家的狗不准打？郭政委说，这封检举，你在仓库头爬窗听床，骚扰民众。杨槐树回，我是巡查安防，刚好路过。郭政委说，这封检举，你在仓库头猥亵妇女。杨槐树回，请拿出证据。郭政委又说，这封检举，你在仓库头抓赌，私吞赃款。杨槐树回，一群赌徒，也想翻案栽赃……郭政委一一列举，十六条检举，杨槐树逐一驳斥否定。

谢所长又喝了几口茶水：这锤子人世间，总有些小人，不晓得从哪里搞到一张皮子，得到一个位子，一人得道，鸡犬升天。瓜娃子官小的，一见到官大的，唯唯诺诺，点头哈腰；一见平头百姓，指手画脚，架子上天。屁点官就觉得老子天下第一，对的是自己，错的是别人，不把人当人，只晓得拿别人问责。其实，爪迷日眼弯弯绕，脱掉这张皮，离开这位置，你什么都不是，四脚一朝天，卵子朝半边……

工行的保卫股长黄生善：老谢——意思是跑题了。

谢所长把茶杯“啪”的一声放到桌上，像说评书打了个惊堂：大家猜，郭政委哪个把杨槐树镇住的？谢所长看看这个，看看那个，没有谁接嘴。

谢所长比了一个动作，拉抽屉，提出一个包裹，打开包裹。说道：三十一发子弹。郭政委说，杨槐树，在你家找的。杨槐树见到子弹，像一个泄气的皮球瘫在座椅上。公安局十大禁令，严禁私藏枪支弹药，就凭这一条，治他个死罪都得行。

谢所长说：郭政委仁慈善良，也没有上纲上线。两天后县里的调令下来，杨槐树调煤炭局。接到调令杨槐树没有脸去上班，自己搬离公安局，三年后抑郁而死。应验了老话，善有善报，恶有恶报，不是不报，时候未到。

14

后面呢？

什么的后面？故事的后面，还是仓库头的后面？

故事告一段落，说仓库头的后面。

2000年，我交流到册亨，春节回家过年时仓库头已拆成一片空地。一号仓、二号仓、新砖仓、六号仓、七号仓全部拆了。十二号仓、十三号仓——两湖会馆作为省级文物保留下来。粮管所以五万元的价格将仓库头转让给一中，一中拆了仓库修教室、操场、教师宿舍。校长、总务主任心术不正，总想在基建中捞点好处，施工进度一拖再拖，县政府忍无可忍，换了校长，二中的校长姜林调到一中。

姜林是贞丰老城中医世家姜家长子，七姊妹中只有他改行从教。知道我回来，又在隔壁，他电话约了贞丰支行的行长孙恒斌、保卫股长黄生善、储蓄股长尚平、珉谷派出所所长谢明祥、两位副校长到工地帐篷里喝酒，陪他值班。那时夜已深，天气异常寒冷，帐篷外四台打沙机突突突仍在工作，二十多个工人连夜加班。帐篷里，十六块砖箍成的四方灶烧着熊熊的焦煤块。酒过三巡，大家略有醉意，姜林问我：老三，以后我会不会被人骂，把仓库头拆了？

我说：姜哥，谁会骂你呢，又不是你拆的。就算是你拆了，有谁记得仓库头呢？就算有人记得仓库头，但是一代人有一代人的回忆，一代人有一代人的念想。无所谓。

姜林说：我还是怕别人骂。五十年代，拆了黑神庙、福寿寺、川祖庙、两湖会馆的内瓤子建仓库。八十年代，黑神庙、福寿寺、川祖庙改的仓库拆得无影无踪。九十年代，仓库、寺庙全拆干净。怎么非要拆了这些文化遗产建仓库，建学校，是不是在作孽啊？

姜林生长在贞丰，对古城的历史文化比一般人更了解。

孙恒斌不理解姜林的思考，说：姜哥，不说那些，喝酒喝酒。

帐篷外不知什么时候下起鹅毛大雪。等到我们半夜两点钟东倒西歪地走出帐篷，大地已变成白茫茫的一片，仓库头，后山全都不见了。

孙悟空呢？你说。

我没有说过什么孙悟空，我说。

你在故事的开头说过，你说。

故事的开头说的是大师兄，我说。

那八戒呢？你说。

你就是八戒呀，我说。

你说：怎么不说她了？

我想了想，说：偶尔不说她，行吗？

第六章

歌断雪山·亚丁

01

请你展开无尽的悲心之网

温柔地拥抱这一切受苦的人

他们无止境地追求快乐

却只带来不幸与伤悲

你知道，这些都不是真相，你想说给她听她也不会听，她听了也不信。因为存在的就是事实。就像那一只燕子没有迁徙到南方在冬天死去，就像那一颗红柿子挂在枝头一直到长出新枝。你说不说也罢，等到春天百花盛开，万物复苏。

飞机剧烈地颠簸起来，将我从睡梦中惊醒。这是成都开往亚丁的川航3U8612次航班，飞机已经下降。我透过舷窗，看见飞机在银色的雪山之间穿行，雪山中间云朵飘来，飞机钻进云朵又不停地颤抖。我条件反射地摸摸身上的安全带扣好没有，心里寻思机长是不是握着舵盘的手有些出汗了——其实我也不知道此刻机长是不是需要掌舵，也不知道机长如果掌舵能不能控制飞机，让飞机减少抖动。我有些胡思乱想，但立即又自信，飞机肯定平安无事。我的目光在群山之中寻找亚丁四周最高的三大雪山：仙乃日、央迈勇、夏诺多吉，哪儿都像，哪儿都不是。飞机越飞越低，有雪花打在舷窗上沙沙作响，飞机外面下起大雪。飞机放下起落架，轻盈的飞行变得笨重起来。飞机又降了一会，看得见飞机进入机场，对准了白茫茫的跑道。起落架的轮胎触地，机翼突然翘起面板，扰流板全部打开，地面上的积雪被吹得抛向天空，飞机滑行了一段距离，稳稳地停泊在预定位置。

我通过廊桥，走出航站楼。回身瞭望亚丁机场，亚丁机场像一个银色的飞碟停泊在白茫茫的高原。机场前面的铺满白雪的空地上突兀着一块橘黄的石碑，碑上汉藏两文书写：世界海拔最高民用机场4411米。

停车场上，陈一生和她的老公王定邦站在他们粉红的北京吉普PC313边上接我。粉红色的汽车停泊在雪地里，非常耀眼。

陈一生和王定邦才结婚。七月份，两人在陈一生的老家江西赣州办了一台喜酒，我答应参加，但没有去成；八月份，两人在王定邦老家陕西西安又办了一台喜酒，我说争取去，也没去成。国庆节快到了，我请了休假，我们相约在他俩认识的稻城亚丁，终于成行。

王定邦打开汽车后门，把我的行李箱放进后排，然后上了驾驶位，招呼我："向哥，你来坐前排吧。"

我看陈一生主动上了后排，回答王定邦："我坐后排，同小陈坐。"

王定邦把车发动，朝稻城方向开去。

我上车以后与陈一生聊开了。我说："小陈妹，你终于结婚了。"

陈一生有些怨我："向哥你也是个大茶叶，说要去赣州、去西安参加我的婚礼，结果都没有去。"

我说："也不怪我呀，工作太忙。这次不是来了吗？"

我与陈一生，是在靳松在厦门的巡回演出中认识的。

每年秋季开始，靳松都要在全国一线、二线城市进行巡回演出。他的巡演规模不大，就是在一个一两百人的酒吧包一个场地，门票一两百元一张，唱两三小时。唱自己原创的民谣。

陈一生在厦门开了一家实体店，也做线上带货。经营印度、巴基斯坦过来的虫草、桃胶、雪燕、皂角米、松子、宝石等土特产品。她在丽江认识了靳松，看到靳松到厦门演出过来帮忙。

靳松的演唱会在"火山"上进行直播，有时候我上线看直播，靳松跟我互动，唱一两首我写的歌曲。

陈一生在现场，还没有见到真身，就认识了我。

我到厦门出差，晚上到靳松演出的现场麦田音乐酒吧，一见面，陈一生就认识了我。

暖场或者中间休息的时候，一些歌手也来助兴。陈一生和张杰唱的最好的是粤语对唱《一生所爱》。

我离开厦门后，在手机上看直播。有一天，人群中走出一个女生，上台自我介绍叫飞飞，来自北京一家护士学校。她要同张杰合唱《一生所爱》。

两人也是用粤语对唱，唱得很认真，很真情。评论区有人评论，两人唱得走心了。

我也感觉两人走心了。两人唱到动情之处，四目相视，像是久别的情人。

演出结束，大家一起去吃宵夜。第二天，张杰和飞飞离开厦门，飞往丽江。两人从此成为丽江酒吧的驻店歌手。

晚上直播，陈一生一个人唱《一生所爱》。评论区有人问：张杰走了啊？陈一生回答：走了，去丽江去了。评论区问：他不管你了？陈一生回答：我从来就没有要他管呀。评论区问：你们不是恋人？陈一生回答：我与他是普通的朋友，就是普通的朋友在一起唱歌……

后来问的人越来越多。陈一生醒悟到大家把她与张杰当恋人了，张杰的离开把她扯进来。陈一生恼怒地想，我不解释了。

陈一生飞到成都，随自驾团，踏上318国道奔赴西藏的道路。

第一天到了理塘，大家在酒店休息。陈一生查地图，理塘离稻城很近，于是向领队王定邦提出，可不可以绕道去稻城亚丁，亚丁一直是我想去的地方。

王定邦征求大家的意见。大家一致同意去亚丁。

257公里的距离，车队开到亚丁村在一家酒店住下。亚丁村海拔3750米，陈一生有些高反，开了房就到自己的房间住下休息。

第一次敲门，王定邦给陈一生送来葡萄糖浓汁。叫陈一生补一补糖。

第二次敲门，王定邦给陈一生送来胡萝卜白菜粥。叫陈一生补一补维生素。

第三次敲门，王定邦来看陈一生：你好点了吗？大伙都在搞篝火晚会。

第四次敲门，王定邦开车来回74公里，到香格里拉镇买来红景天口服液，叫陈一生服下。陈一生有点小感动……

八天后，车队到了拉萨。在大昭寺旁边的印象酒吧留言栏，陈一生写下我要跑遍天涯海角。

王定邦留下：我追你到天涯海角。

陈一生对我说，以前她说她到哪里，说追她追到哪里的人很多，但是只是随便说说，她也没有当真。

陈一生坐火车离开西藏，到了西安。从西安飞到昆明，从昆明飞到曼谷，从曼谷去到清迈……

王定邦开车从西藏回到成都，看到陈一生的信息，从成都飞到昆明，从昆明飞到曼谷，从曼谷去到清迈……找到陈一生。

两个人，走到一起。

02

汽车离开机场三十多公里，天空中雪小了起来。公路上没有了积雪。我问陈一生今后有什么打算，陈一生说就定居在西安，自己继续做线上销售，王定邦与朋友合办了一所驾校，以后就做校长，当教练。

车开到桑堆镇，我叫王定邦把车停下，一起去红草地看看。

红草地是稻城的网红打卡点。每年九、十月，水塘里长出水草突然变得红彤彤，举目望去，一片火红的景致映入眼帘，红得那么热烈，那么艳丽，那么醉人。水塘中大大小小的石块突兀出来，更增添了蓬勃生机。水塘不大，像一个足球场。远处是洁白的山峰，错落有致的杨树长在水岸，婀娜多姿。树边的村庄在秋风的熏陶下变得金灿灿。五颜六色的大片色块张扬地组合在一起，水天同彩，缠绵出一幅斑斓、夸张、浓墨重彩的油画山水。

陈一生的歌唱得好，摄影技术更佳。我用手机照，她用相机拍。边拍边恭维我："向哥，你真厉害，这么小众的摄影点你都知道。"

——你发来微信，说我写了半天也没有说一下陈一生长什么样子。你想看她的样子？我转相片给你看，转视频给你看也行？在这个信息时代，一切都变得十分方便，轻而易举。如果我写她身高一米六三，长脸，浓眉大眼，目光有点忧郁，齐腰的长发，体型轻盈……你可以看到她的样子吗？关键是她已经名花有主，你就别打她的主意了。描写主角的相貌、体型、语言特点是传统的写作方法，时代变了，什么都可以改变。

你回怼我：男人最大的核心就是色，好色是男人传宗接代、繁衍后代的必要条件。装作不好色的男人都是假的，除非他变态。你又开始讲生物学、哲学。我不理你，继续写我的。

现在世界上有三个香格里拉。一个是新加坡香格里拉酒店，因每年举办一次世界军事对话而著名；第二个是云南迪庆州首府香格里拉市；第三个是四川稻城县香格里拉镇。

香格里拉本是一个虚构的名字。上世纪三十年代，英国作家詹姆斯·希尔顿（James Hilton）创作了一部小说《消失的地平线》。故事讲述了四名西方人闯入了神秘的中国藏区，经历了一系列不可思议的事件。这本书最终造就了西方乃至世界的“世外桃源”，“香格里拉”虚幻迷离地在人们的现实生活与精神世界之间的地平线游荡了一个世纪，寄托了人们所有的希望、梦想、永恒。

2001年迪庆中甸县蹭热度改名为香格里拉市，2002年稻城日瓦乡也是蹭热度更名为香格里拉镇。

在现代人的心中，香格里拉已经被赋予了“心中的明月”的含义，代表一种美好而理想的生活方式，是伊甸园、世外桃源、乌托邦的代名词。象征清澈、纯洁、高尚的精神境界。所以它不再是一山、一水、一草、一木、一房、一寺，而是心中的目标，蓝色星球上最后一片净土。

车到香格里拉镇亚丁念想酒店正好傍晚七点，我们登记取到房卡，在酒店住下。

晚饭时分，我见到了已经先期到达的朋友温明秋和他的先生阿莱克萨（Alex）。我们五人点了松茸炖鸡、清炒牦牛干、青椒羊肉末、豇豆肉丝、油炸花生、藏式包子，轻轻松松吃了一顿晚饭。温明秋是中国人，阿莱克萨是塞尔维亚人，两人定居在济南。

2003年，南斯拉夫联盟共和国更名为塞尔维亚和黑山共和国。塞尔维亚石化公司欠明秋当时所在的中国石化一笔应收款。明秋和几个同事奉命去催款。

三个月后欠款如数收回，明秋等人凯旋回国。在贝尔格莱德飞往莫斯科的机场上，明秋遇到了阿莱克萨。

这也是个浪漫的爱情故事。但以我的水平，我可能把它写得平淡无奇，我就不写了。我只告诉你，阿莱克萨在飞机上遇到了明秋，从莫斯科随机追到北京，从北京追到了济南，从济南追到杭州。有志者事竟成。

阿莱克萨在中国定居已经十多年。去年，明秋一家四姊妹和女婿到我们家过春节。我们家保留了春节供奉祖先的习俗。除夕中午，我们自己打糍粑、饵块粑供奉祖先。下午，又在立有“向氏昭穆神位”的祖宗牌前点香烧烛，桌子上上了酒水米饭、猪头猪尾、整鸡整鸭等三十六道菜。菜上毕，母亲用小锤敲响家神台位上的青铜小碗，铜碗叮叮作响传到远古。

母亲念道：向家远古的、近古的、先世的、近逝的列祖列宗，太爷太奶，爷爷奶奶，秋航、德洪爷爷，文昌帝君，观音大士，教稼神农，丑午二王，炎黄大帝，孔孟先贤，福禄财神，灶王府君，过年了，菜饭做好敬请吃饭。请你们保佑向家儿子儿孙，子子孙孙，后人后代，规规矩矩，平平安安！

阿莱克萨感觉到这个仪式非常神秘，举起手机想拍照，我吓唬他：不能拍，拍了灵魂要跟着祖宗走的。

明秋是阿莱克萨的翻译，不知道她怎么翻译的，阿莱克萨果然不敢拍了。我笑着对阿莱克萨说我是吓唬你，自己又拍给阿莱克萨做示范，阿莱克萨就是不拍了。

03

回到我们在香格里拉的饭桌上。

我们把饭吃好，还规划好明天的行程，梳理了到亚丁的朋友。靳松、潘新明、雷子、真石……他们早已从云南赶到，住在亚丁山上。

第二天，我们在香格里拉睡了个懒觉，起床已经是上午十点。吃早餐，收拾行李，十一点踏上通往亚丁的路上。

三十多公里的路程全是爬坡，新修的沥青路面平稳整洁。车开了四十多分钟，我们就到达亚丁村。

公路从上坡转为下坡，转了两个弯，亚丁村跃然眼前。秋后的梯田一片金黄，田野里青稞大部分收割，一堆堆稻草堆放在田间，四五十栋藏式平房镶嵌在田野中间，牦牛悠闲地在草地上吃草。

这是一个峡谷的上端，峡谷中出现这样的台地，让人有种恍如隔世的感觉。四周起伏的青山，在蓝色天空映衬下，山峦轮廓青墨晶亮。山谷的尽头，巍峨的仙仍日雪峰沐浴在阳光之下，简练险峻，雄伟安详。

我们在靳松们预定好的扎西空墅文化酒店住下。靳松等人已经离开酒店去到景区。我们五人商量，再进景区时间太紧，干脆安安心心地住在亚丁村，明早再去景区。

扎西空墅文化酒店就是两年前王定邦四次敲陈一生门的酒店，故地重游，两人无比兴奋。

我到自己的房间安顿好，又回到大厅，等候大家安顿好一起到外面走走看看。

大厅右侧是一个宽敞的茶室，一个藏族姑娘正坐在主座沏茶，一侧还坐着一个红衣短发的藏族僧人。

我好奇地朝他们走去，姑娘见我走来主动地同我打招呼：“你好，请坐，我们一起喝茶。”僧人也微笑着看我，欢迎我的到来。

姑娘熟练地换茶，取茶入杯，洗茶，冲水，泡开，倒茶水，分茶，递给我和僧人。

姑娘叫嘎玛卓嘎，意思是星星旁边飞舞的仙女，西藏阿里人，正在大连理工大学读书。国庆节学校提前放假，一个人来亚丁旅游。酒店老板是她的亲戚。

我第一次遇到藏族僧人，不知道怎么称呼。他三四十岁，圆脸，长耳，大眼，面相慈祥。我心里想他对我微笑，就是不排斥我，自己应该主动和他说话。

我笑着用普通话对他说："师父，我第一次遇到您，不知道怎么称呼您，是叫您喇嘛，还是叫活佛，或者应该怎么称呼？"

嘎玛卓嘎接过我的话："他是活佛。"

僧人坦然地笑起来："活佛是转世的僧人，前世有所成就，秉愿再来的转世者。"他说的是藏语口音的四川话，我能听懂。他继续说道："汉族人将其翻译为活佛。喇嘛是上师的意思，就是师者，善知者。严格来说活佛未必可以做上师，上师应该是具德、具证的人才有资格做上师。所以在西藏、四川活佛很多，但是上师实际上比较少。不过在家人都称藏地修行人为喇嘛。"

我"哦、哦"地响应。心想这僧人还是有几刷子，短短的一开口，就把藏传佛教的几个称谓的区别、实质说清楚了。

陈一生、王定邦、温明秋、阿莱克萨陆续来到大堂。嘎玛卓嘎起身招呼大家坐下来喝茶。大家见我跟一个僧人谈得活颜活色，都好奇想听究竟。

僧人介绍自己叫永丹嘉措，来自色达县洛若寺。亚丁的仙乃日神山在藏传佛教中是观音菩萨，央迈勇神山是文殊菩萨，夏诺多吉神山是金刚手菩萨，自己是慕名前来转山的。

交谈中，永丹嘉措喇嘛学问、见地显露出来。他甚至知道新加坡华语辩论赛，说藏传佛教除了藏式辩经，也有新加坡华语辩论赛类似辩论。有一年他参加“真理是客观存在还是主观的存在”的辩论，自己是反方“真理不是客观存在的”一辩，对自己的业力精进有极大的影响，他说：“辩题正是我自己思考已久的问题。因为我们的感知不是求真的。在我们接受外部信息的一瞬间，我们就必须在感官上把外部信息扭曲，把光量子感受为明亮，把光波长感受为颜色，把振动波能量感受为轰然作响的声音等等。因此，我们的感知本身绝不给我们提供真相，而我们在上面架构的思维逻辑、狭义逻辑也不能纠正这个偏向，它一定是扭曲之上的再一次简约化的扭曲。所以，从感知模型上讲，我们不可能获得真理，真和理这两个字本身就放不到一起。”

“所谓真，一定是你的感知、你的逻辑，也就是你的理你没有施加在上面的那个本真。所谓理，就是你的感知属性覆盖在上面，对它加以扭曲才获得的信息，形成的逻辑理脉。所以，有真就无理，有理就无真，真理不成立。就像客观不成立，你要观它它就一定不是客，你一旦是客，它就一定不被你观。所以客观这个词汇本身也不成立。”

我们听得似懂非懂。我问永丹嘉措喇嘛：“如果说没有真理，那人生岂不是没有追求了？那人活着是为了什么？”

永丹嘉措喇嘛说：“道是存在的。释迦牟尼曾开示，人生是应该有所追求的，但不是名利、地位、金钱、感情这些东西。而是要追求更高的东西，追求得到就不会失去的东西。人如果远离一切虚幻，远离痴癫梦想，就会从苦难中解脱出来。”

我问喇嘛：“凡人可以成佛吗？”

喇嘛回答："放下屠刀都可以立地成佛，何况众生？一念成魔，一念成佛。用佛心待人，自己即佛；用佛性悟人，人可兼佛。佛就是一颗悲悯之心，悲悯众生，悲悯自己，就离佛不远了。"

永丹嘉措喇嘛说："说这些，耽误大家时间了。"

大家好像已经听懂："哪里，哪里。难得，难得。"

永丹嘉措喇嘛想起什么，突然起身："我该出发了。"

大家问："去哪里？"

永丹嘉措喇嘛说："转山。"

永丹嘉措喇嘛说毕，回到自己房间。再出来时，肩上背了一个大大的双肩包。他将房卡交给嘎玛卓嘎，和我们挥手致意，大步踏出酒店大门。

04

永丹嘉措喇嘛离开后，我们到亚丁的田间地头、草地山坡上逛了一圈。

亚丁村的土地松软柔和，踩在青稞桩上，有一种踩在弹簧上面的感觉。泥土散发的清香与青稞秆的幽香融合在一起，沁人心脾。太阳暖洋洋照耀大地，斑斓的山色与蓝天融洽地结合，绘出最美的秋天风景。

我感受到我与这块土地紧紧相连，每一个细胞与脚下的泥土不分彼此。

王定邦看见地里跳动、飞舞着蚂蚱，忽然有了主意："酒店有昆虫网，我去酒店拿网子来网，晚上炸来下酒。"

王定邦从酒店拿来两个昆虫网，我们不一会就网了一矿泉水瓶蚂蚱。

大家爬上梯田上面的草地，七八个十多岁的藏族小孩在捡风干的牦牛粪放进背篼，准备做过冬的燃料。他们一个个晒得脸红面赤，一边捡粪一边打闹。更高的山上散落着一群群黑色的牦牛。

靳松打来电话，说他们已经回到酒店。眼看天色已晚，我们离开草地往回路走去。

老朋友相见，无比亲热。有的两三年没有见面，有的六七年没有见面。初次见面的朋友，大家更是详细地介绍，怕漏丢任何一个环节，任何一个人。

晚饭时分，不少人都喝了酒，啤酒、红酒、青稞酒。酒足饭饱，酒店在后院燃起篝火，靳松、雷子、潘新明从车里提来吉他、手鼓、小音响，人们围着篝火坐了一圈，精彩纷呈的音乐会开始。

大伙推举我主持晚会。我反正喝酒喝高了也不推辞，举着话筒对大家说："谢谢大家，谢谢各位的抬举。如果大家不嫌我的贵普话贵，我做主持人肯定合格。"

我说："我们今天能够在亚丁聚会，首先要感谢陈一生的邀请。没有陈一生妹妹的结婚、邀请，大家的相聚将会遥遥无期。所以，今晚第一个请出来的是陈一生、王定邦夫妇。"

在大家的掌声中，陈一生、王定邦从人群中站了起来，来到我身边。熊熊燃烧的篝火将两人的脸庞照得通红。

我将话筒递给陈一生，说："小陈妹妹说几句吧。"

陈一生的眼睛闪耀着亮光，仿佛回到了婚礼当中。她说道："谢谢向哥，谢谢大家。虽然大家没有能够去到我和王定邦在赣州、西安的婚礼，但是此时此刻，我感觉到婚礼还在举行。这么多的朋友从云南、山东、陕西、四川、贵州、阿莱克萨来自塞尔维亚，都来给我们祝福，谢谢你们！"

我说："一生妹，你最应该谢的是稻城，是亚丁，是稻城亚丁让你认识了王定邦，从相识、相知，到相爱，走到一起。我建议，你俩向仙乃日、央迈勇、夏诺多吉三座雪山鞠三个躬，表示你们的感谢。"

陈一生、王定邦整理整理衣服，然后看着我，等待我发号施礼。我拉长声音“一鞠躬，二鞠躬，三鞠躬”大声引导，两人朝着雪山的方向深深鞠了三个躬。

众人鼓掌，走向前来，向陈一生送上自己的红包，补上迟到的祝福。

我拿来潘新明的吉他，交给陈一生，说：“小陈妹，给大家唱两首。”

大家又是鼓掌，陈一生拿着吉他坐下，先用粤语自弹自唱了一首《一生所爱》，然后又说，再唱一首雷子的《我记得》：

我带着比身体重的行李
游入尼罗河底
经过几道闪电，看到一堆光圈
不确定是不是这里

我看到几个人站在一起
他们拿着剪刀摘走我的行李
擦拭我的脑袋，没有机会返回去
直到我听见一个声音，我确定是你
可你怎记得我
我带来了另界的消息
可我怎么告知你
注定失忆着相遇

我记得这里是片森林，后面有个山坡
山坡上的枣树每当秋天到来
我们把枣装满口袋
我记得除了朋友我还做过你的叔父
你总喜欢跟我的屁股后面
只是为了那几个铜钱
我记得我们曾是恋人，后来战争爆发
你上战场后再也没有回来
直到收不到你的信
我们总是这样重复分离，却要重新开始

相互送别对方说着来世再见
再次失忆着相聚

呜，快来抱抱，快来抱抱我

陈一生舒情而振奋地弹了一段间奏。

在路上我遇到一个故去多年的人
他是如此年轻，扎着过肩马尾
露出和你一样的笑
他和我讲了很多关于你成长的故事
在星空的另一端，思念从未停止
如同墓碑上的名字
不要哭我最亲爱的人，我最好的玩伴
时空是个圆圈，直行或是转弯
我们最终都会相见
在城池的某个拐角处，在夕阳西下时
在万家灯火的某一扇纱窗里
人们失忆着相聚

呜，快来抱抱，快来抱抱我

呜，快来抱抱，快来抱抱我

我终于找到你

呜，快来抱抱，快来抱抱我

我终于找到你……

陈一生唱歌的时候，眼睛睁得大大的，嘴巴张得有些夸张，声音具有强烈的磁性，让人着迷。篝火火焰摇头摆尾，像伸头来听，一些火星飞向星空，好像去告诉星星陈一生唱歌的消息。

陈一生唱完，我问陈一生：“小陈妹，你怀孕了？”

陈一生一惊：“你怎么知道？”

我说：“你选唱《我记得》是来自潜意识，有感而发。雷子的歌词先是隐晦地以婴儿的口吻描述自己从母亲体内分娩的旅程，巧妙地开启对母亲的思念。然后讲述与母亲的三次相遇。最后是你快抱抱我，我终于找到你，句句不提母亲，又句句都是对母亲的思念。你唱得很深情，来源于你做妈妈了，是发自内心的感动。”我看着雷子，“对吗，雷子？”

雷子笑起来：“对了，对了。向哥要成算命先生了。”

我也笑道：“好的，我们祝福一生妹妹平安顺利，早生贵子。”

05

接下来演唱的是阿莱克萨。

塞尔维亚是前南斯拉夫联盟的共和国，中国人最熟悉的南斯拉夫歌曲是电影《桥》的主题歌《啊朋友再见》。不知什么原因，阿莱克萨不熟悉这首歌。结果由他主唱、大伙助唱变成男生的小合唱。雷子、靳松、潘新明还将歌曲唱成二声部合唱。阿莱克萨和我混在人群中滥竽充数。一曲唱毕，大家还是要阿莱克萨单独来一首。

阿莱克萨想了想，和雷子、靳松等人商量，大家能够伴奏的是爱尔兰民谣《你鼓舞了我》：

When troubles come and my heart burdened be
Then, I am still and wait here in the silence
Until you come and sit awhile with me
You raise me up, so I can stand on mountains
You raise me up, to walk on stormy seas
I am strong, when I am on your shoulders
You raise me up… To more than I can be
You raise me up, so I can stand on mountains
You raise me up, to walk on stormy seas
I am strong, when I am on your shoulders
You raise me up… To more than I can be

阿莱克萨身高体大，中气十足，唱得像美声，我们感觉到音乐之美，却不懂得其义，我请温明秋用汉语与阿莱克萨的英语共同演唱。

因为你的鼓舞

我才可以征服群山
我才能够冒着暴雨破浪前行
因为有你的肩膀倚靠，才如此强大
因为你的鼓舞
我才能超越自我，才如此强大
因为有你的肩膀倚靠，才如此强大
因为你的鼓舞
我才能超越自我
你鼓舞了我，我已超越自己

男女声合唱，平添了浪漫的氛围。两人演唱结束大家一片掌声。

接下来，该雷子、劲松、潘新明等人上场了。

他们都是原创民谣歌手，自己作词、作曲、演唱，被称为赶着音乐放牧的人。他们浪迹大理、丽江、拉萨、阳朔……又行走于成都、西安、昆明、上海、北京、厦门……居无定所，又好像全中国都是他们的家。

我说："首先请雷子为我们演唱。从现在起我的主持就不重要了，大家自由发挥。"

靳松、陈一生、温明秋等起哄："向哥要撂挑子，等一下你也要唱。"

我回答大家："你们饶了我吧，我五音不全。"

雷子弹奏旋律，潘新明弹奏和弦，靳松口琴手鼓。雷子首先唱了一首他的近作《成都》，又唱了一首《画》。靳松让我认真听词：

为寂寞的夜空画上一个月亮
把我画在那月亮下面歌唱
为冷清的房子画上一扇大窗
再画上一张床
画一个姑娘陪着我
再画个花边的被窝
画上灶炉与柴火
我们一起生来一起活

画一群鸟儿围着我
再画上绿岭和青坡
画上宁静与祥和
雨点儿在稻田上飘落
画上有你能用手触到的彩虹
画中有我决定不灭的星空
画上弯曲无尽平坦的小路
尽头的人家梦已入
画上母亲安详的姿势
还有橡皮能擦去的争执
画上四季都不愁的粮食
悠闲的人从没心事

我没有擦去争吵的橡皮
只有一支画着孤独的笔
那夜空的月也不再亮
只有个忧郁的孩子在唱
为寂寞的夜空画上一个月亮

雷子的作品充满了对大自然的热爱和敬畏，将自然的神奇魅力和无尽奥妙呈现在听众眼前，创新与传统完美结合。我告诉靳松这首词很好啊。

靳松说："雷子前段时间参加'快乐星声'，这歌词被一个评委批了一通。"

我也没有细想，说："萝卜白菜，各有所爱。管他妈的，老子们自己玩。"

扎西空墅酒店的音乐声、歌声吸引了不少其他酒店的游客过来驻足观看，篝火旁围了五六十人。我教嘎玛卓嘎，快叫老板拿啤酒、饮料来卖啊。嘎玛卓嘎告诉我，游客都是以买酒、买饮料名义过来，酒店的啤酒、饮料库存不多，都卖完了。

接下来，靳松演唱。

靳松先唱了一首自己原创的《独自旅行》，然后唱《老路小路》。

靳松说凡是他的演唱，不唱《老路小路》过不了关。

我捡起摆在一旁的手鼓，合着两个吉他手给靳松伴奏。凡是我喝了酒，打的节奏都对；如果没喝酒，我打的节奏都错。

靳松选了一把D调口琴，拉长音符幽幽地吹出歌曲的前奏。吉他主旋律开始后，靳松情绪稳定地开始了演唱：

小路背着一把吉他
走上一条离家的路
那是一条混不出头
也不能够回头的路
苦乐自知有多少
处处是江湖
爱恨不说有多少
夜夜是孤独

小路变得有点沉默
别人说他有点酷

那是因为没有人知道
他内心的苦楚
漂漂泊泊多少年
停停走走多少天
到哪里才能结束
这无尽的旅途

老路唱起的那首歌
为何让我泪眼模糊
明知那些落花流水留也留不住
是否总是心上的人儿嫁作他人妇
是否总有些遗憾
留在酒杯最深处

中间间奏，靳松又吹响口琴，琴声如诉如泣，听众热烈鼓掌。

老路开了一个酒吧
在五一街的转角处
那是一个有着许多故事的小屋

飘荡在丽江的夜啊
醉倒在异乡的人啊
留在这里的回忆
有悲伤也有幸福

老路就是当年的小路
我不说你也清楚
那时候我们都会聚在大冰的小屋
在小屋里想这些朋友
在小屋里想那些姑娘
小屋里流浪的人们
唱着流浪歌手的情人

老路唱起的那首歌
为何让我泪眼模糊
明知那些落花流水留也留不住
是否为了向往的生活走遍了天涯路
是否总有些遗憾
留在酒杯最深处

老路其实我们都一样

早已失去了青春的赌注

我们兄弟聚聚散散

不过是个天涯

人生匆匆数十载

活到几时才明白

而今笑问君何在

醉看鱼肚白

而今笑问君何在

醉看鱼肚白

靳松唱完，全场再次响起热烈的掌声。

靳松手持话筒，看着我，笑问大家："接下来，该谁唱了？"

大家心领神会："向哥。"

我断然拒绝："不，不，我五音不全，五音不全。"

靳松道："向哥不唱，行吗？"

大伙异口同声："不行。"那些素不相识的游客也跟着起哄。

我提了一瓶啤酒，"咕、咕、咕"地喝下大半瓶，继续为自己壮胆："大家赶鸭子上架，我就给大家唱一首。唱不好是你们的事，不是我的事。"

我接过靳松递来的话筒，告诉靳松、雷子、潘新明我唱自己原创的歌曲《我一定要找到她》。在我唱之前和中间，加朗诵，朗诵要有旋律伴奏。我抬手，意思就是回到《我一定要找到她》的旋律。

他们几个坏笑起来：向哥唱一首恐怕是我们唱几首的时间。

我酒壮色胆，豁出去了。

我示意靳松旋律开始。把自己的思路、话音调整为普通话，既像朗诵，又像讲话：

中国曾经是个诗国，皇帝的诏令，臣子的奏章，喜庆贺词，哀丧挽联，都引用诗体。法官的判断，医师的处方，巫觋的神谕，无不出之以诗句。名妓个个是女诗人，武将酒酣兴起即席。驿站庙宇墙上题满行役和游客的诗……百余年前，列强欺凌，新文化兴起，古老诗国诗歌散尽，能歌善舞沦为前世记忆。

我看看雷子、靳松、潘新明、陈一生、王定邦、温明秋、阿莱克萨……一众观众，他们的眼神说：你想说，你说。

幸好，边疆少数民族，苗壮、布依、蒙古、藏族、维吾尔、彝黎……因为山高路远，传统得以保护。更有《格萨尔》《江格尔》《玛纳斯》《亚鲁王》等英雄史诗口口相传，唱颂至今。新中国成立，少数民族个个能歌善舞，高山流水遇知音的汉族，在哪里找寻自己的诗与舞？

幸好，我们还有民谣，赶着音乐放牧，行吟的诗人。虽不正宗，只是一支，也传承了中华诗歌基因，让人回望梦想，振臂长呼。近的，雷子、靳松、潘新明、路平、大军……远的，罗大佑、向雪怀、崔健、周杰伦、许巍、刀郎等等，谢谢你们。

我将手臂抬起，示意靳松等可以来《我一定要找到她》的旋律了。

多少年没有捧起你的脸
多少年没有注视你的眼
多少年没有紧紧拥你入怀
多少年没有深情的期待
在这天地之间
在这紫色的星星之下
在这天瀑高高的飞落
如梦似幻的旷野
她是美丽的一瞬间
她是动人的一刹那
她是高山流水
她是温暖的花
她是甜蜜的一个吻
她是双眸的真情眺望

她是蝶一样的飞舞

她是思念的密密麻麻

呜哎

美丽的她，动人的她

芬芳的她，迷人的她

温柔的她，可人的她

我一定要找到她

要找到她

我将手臂举起，然后下放，手挽在一半停住，示意靳松等继续音乐伴奏。

我忽然想起李叔同的《送别》最能与我、与我此时的心情融合在一起，我颂诵道：

长亭外，古道边，芳草碧连天。

晚风拂柳笛声残，夕阳山外山。

天之涯，地之角，知交半零落。

一壶浊酒尽余欢，今宵别梦寒。

长亭外，古道边，芳草碧连天。
问君此去几时来，来时莫徘徊。
天之涯，地之角，知交半零落。
人生难得是欢聚，唯有别离多。

我将手臂举起，示意靳松等回到《我一定要找到她》的旋律上：

在这天地之间
在这紫色的星星之下
在这天瀑高高的飞落
如梦似幻的旷野
她是美丽的一瞬间
她是动人的一刹那
她是高山流水
她是温暖的花
她是甜蜜的一个吻
她是双眸的真情眺望
她是蝶一样的飞

她是思念的密密麻麻
呜哎
美丽的她，动人的她
芬芳的她，迷人的她
温柔的她，可人的她
我一定要找到她
要找到她

唱毕，雷子、潘新明等人扫弦、切音，音乐戛然而止。我起身向听众深深鞠了一个躬。众人热烈地鼓掌。

雷子说：“向哥是礼仪最好的一名歌手。”

我说：“谢谢大家。向哥是礼仪最好的一名酒疯子。”

06

事后我想，当时我发挥很好，没有现场丢脸，得益于酒。酒能助兴，也会误事，结果助兴误事，在于喝酒多少与心情。酒始于智，后世循之，以之成礼，以之养老，以之成欢。就是同一个人，不同的层次饮酒，效果差别巨大。总之我是好事占多，洋相也有。

接下来潘新明演唱。

我说："潘新明的第一首应该是《青春万岁》，唱得心潮澎湃，激情四射。既想与命运抗争，却被命运主宰。最后，老了，人生短暂，谁也无法将它延长，还好，可以回忆，那段时光。一段独白，唱的人不再掉泪，听歌的人不许再哭。下面有请潘新明。"

短暂的青春像是一根烟
不知道是何时不小心被点燃
美丽的青春就像一杯酒
喝醉了再醒来我已经白头
但我没有后悔
我已尝试过一回
我没理由后悔

谁也只能有一回
青春万岁
我愿意为你干杯
青春万岁
我愿意为你喝醉
青春万岁
我一直与你相随
青春万岁
再一次回头看我就快要枯萎

间奏时潘新明的手指将单弦抖音表现得淋漓尽致，如诉如泣又充满抗争。

说一说你的青春有多美
想一想那时你曾爱着谁
是不是微笑着在与他缠绵
还是带着泪不愿意离别
回首昨天的美
年少无知的积累

幻想明天的美

不知是喜还是悲

青春万岁

我愿意为你歌唱

青春万岁

我愿意为你落泪

青春万岁

我永远不会遗忘

青春万岁

再一次回头看我就快要枯萎

（独白：

老了，人生很短暂

谁也无法将它延长

还好，可以回忆

那段时光）

潘新明的歌刚结束，我手机电话响了，她打来的电话。我离开吵闹的人群，到一边接通电话。

她说，你在哪里？我说，在稻城，在亚丁。她说，和谁在一起？我说，一帮朋友。她说，和温明珠在一起。我说，不是，是温明秋和一帮朋友。她说，你马上回来，我病了，在住院。说完将电话挂了。她的语气平稳，坚定。

这么多年来，她没有病过。这么晚来电话，肯定是真有事，或者真病了。

我查了第二天机票信息，只有坐09：50～11：15亚丁飞成都的飞机，然后坐13：55～15：30成都飞贵阳的飞机，才能最快赶回贵阳。

我订好机票，回到人群，告诉大家，家里有急事，我要离开亚丁村，明天赶飞成都的飞机。

大家有些意外，但又非常理解。为了不影响大伙，我让王定邦送我到香格里拉或者稻城县城，明天好赶亚丁机场。

嘎玛卓嘎站出来说：“向哥，我搭你的顺风车，明天也飞成都，然后飞北京回学校。”

我在路上订了稻城的酒店，又约好稻城到机场的网约车。王定邦将我们送到稻城县城又返回亚丁。

第二天下午，我回到家中。

07

她坐在家里，好端端的，什么事也没有。

我说，你叫我回来？她说，回来办离婚手续，离了婚，你好去过你想过的生活。

她跟我说离婚的事已经大半年。我的脚崴了，她暂时不说。脚好，该办了。

第二天早上，我们到市政务中心。几对办离婚手续的男女在我们前面。他们都是提前签好离婚协议，不到十分钟就办好一对。

她常常对我说，我俩好离婚得很。既无子女纠纷，又无财产纠纷，离婚对我俩，像吃早餐一样方便。

我们前一位办手续的，是一对老夫妻。大爷银白山羊胡，头发灰白一半。大妈喋喋不休，大爷一声不吭。

到他们办理手续，柜台里的工作员问他们的情况，一听大爷已经八十一岁，大妈七十二岁，工作人员说："大爷大妈，你们这么大年纪了真要离婚啊？考虑好没有？"

大妈说："考虑好了，协议都签字了。老不要脸的，讲给儿女们听，丢死人。去那个花果园跳舞（贵阳人都知道花果园广场是一个网红打卡点，跳广场舞的年轻人很多，也有老人），和那些婆娘勾勾搭搭，拉拉扯扯，不干不净……八十多岁了，你还是人吗？"

工作员也不掺和，问大爷："大爷，你想好没有，你同意离婚吗？"大爷还是不说话，只是认真地点头。

工作员和悦地问大妈：“大妈，你想好没有？你同意离婚吗？”

大妈说：“同意，背时他妈一辈子，早离早翻身。让这狗日的去过他想过的生活。”

工作人员录入、打印，拿出一沓表格让两人签字、按手印。然后，打出两个离婚证交给两人。

大爷拿了离婚证，不看也不说，眼睛圆而无光，看着政务大厅的大门走了出去。大妈还是骂骂咧咧，拿着离婚证也走出政务大厅。

我忽然感受到人生的悲哀。像他俩一样，承续的婚姻有什么意思？本来我想到了政务大厅，到我们签字的环节我不签字，扬长而去，婚就离不成了。我突然改变自己的想法，在离婚协议上签下自己的名字。

我和她，各自拿着自己的离婚证走出政务大厅。站在大厅的石阶前，我突然有些茫然，不知朝哪个方向而去。

她走下石阶，正好有一辆的士开来，招手的士停下，开门上车离去。

我认真想了想，哪里都可以去，哪里都不能去，只有去单位。

晚上回到家，鞋柜门前她的拖鞋不见了。打开鞋柜，她的鞋子全不见了。去到卧室打开衣柜，她的衣服全收走了，她购置的被子、床单、被套全没有了。到了卫生间，她用的洗漱用品全不见了。

我转回客厅，茶几上多了一张发票和一个塑料袋。发票是搬家公司给她的300元搬家费收据，塑料袋里有十五盒厄贝沙坦氢氯噻嗪片，十五盒非洛地平缓释片，十五盒富马酸比索洛尔片，我每天必吃的三种降压药。够我吃一年以上了。

2024年8月修订于贵阳里查里诺酒店